DE GAULLE ET PÉTAIN

DU MÊME AUTEUR

Roman

Le Testament Aulick, Paris, Robert Laffont, 2016.

Essais, documents, biographies

Rudolf Hess. La dernière énigme du Troisième Reich, Paris, Perrin, 2019.

Cinquante nuances de guerre, Paris, Robert Laffont, 2018.

Les Présidents et la guerre : 1958-2017, Paris, Perrin, 2017.

Extension du domaine de la guerre, Paris, Robert Laffont, 2016 (prix Louis-Marin ; prix Grand Témoin de la France mutualiste).

Von Manstein. Le stratège du IIIe Reich, Paris, Perrin, coll. « Maîtres de guerre », 2012 (prix national du document littéraire).

Le Complexe de l'autruche. Pour en finir avec les défaites françaises. 1870, 1914, 1940…, Paris, Perrin, 2011.

Les Guerres modernes racontées aux civils… et aux militaires, Paris, Buchet-Chastel, 2009 (prix d'Estienne d'Orves ; prix spécial de la Gendarmerie ; prix des Écrivains combattants).

La Trahison des médias, Paris, François Bourin Éditeur, 2007.

Le Travail parlementaire sous la Ve République, avec Jean-Pierre Camby, Paris, Montchrestien, 1993.

Le Mythe Pétain. Verdun ou les tranchées de la mémoire, Paris, Payot, 1992 ; rééd. Paris, CNRS Éditions, 2014.

La Force de convaincre (dialogue avec Philippe Séguin), Paris, Payot, 1990.

Œdipe à Matignon, ou le Complexe du Premier ministre, Paris, Balland, 1988.

(suite en fin d'ouvrage)

Pierre Servent

DE GAULLE ET PÉTAIN

Un drame shakespearien

PERRIN

92, avenue de France
75013 Paris
Tél. : 01 44 16 08 00

ISBN : 978-2-262-08532-2
Dépôt légal : juin 2020

Mise en pages : Nord Compo

« Mon cher, il y a deux mystiques en France : le père Pétain et de Gaulle. Il n'y a pas de place pour un troisième. »

Charles de Gaulle à son collaborateur
Gaston Palewski qui évoquait le rôle
que le général d'armée Henri Giraud
entendait jouer dans la Résistance française.

« De Gaulle, c'est le meilleur. Nous nous retrouverons. Je me réconcilierai avec lui. Je m'arrangerai à la dernière minute… Je suis le parrain de son fils. Quelle intelligence ! »

Philippe Pétain à Vichy,
se confiant à son entourage.

Avant-scènes

Passé maître dans l'art du drame comme de la comédie, William Shakespeare (1564-1616) aurait sans doute pu concevoir en son temps, avec son esprit fertile, la trame d'une tragédie pleine de fracas et de rebondissements mettant en scène deux personnages singuliers : un vieux roi sans héritier et un jeune prince adoubé par l'auguste souverain, mais rebelle de nature comme de tempérament. Pour densifier leur profil, il en aurait fait des guerriers rompus au métier des armes, à la fois secrets et telluriques, timides et dominateurs, taiseux et fiers, farouches et revanchards. Ces hommes de caractère auraient secrètement souffert de voir leur génie militaire longtemps méconnu ou méprisé par la Cour et le royaume. Unis par une affection et une admiration réciproques, ils auraient tissé pendant deux décennies une relation profonde, subtile… et ambiguë. Le fil reliant ces deux monstres d'orgueil se serait progressivement délité jusqu'à l'affrontement final inévitable de ces deux « mêmes », donnant ainsi au dernier acte de la pièce toute son intensité dramatique. L'intrigue aurait habilement tricoté la maille de la rivalité « père-fils ». Elle n'aurait eu, en soi, rien de vraiment nouveau. Même si Freud n'était pas encore passé par là avec son « complexe d'Œdipe », l'histoire et la mythologie regorgeaient déjà d'exemples montrant des pères dominateurs se rêvant immortels, dévorant ou faisant mettre à mort leur descendance *nécessairement* menaçante, tandis que leurs fils de sang ou de rang complotaient avec hardiesse pour accélérer un processus de succession à leurs yeux interminable.

Pour espérer captiver son futur public, le fabuleux dramaturge aurait pu pousser l'imagination encore plus loin, jusqu'à camper ses deux héros alternativement en position de souverains, détenant tour à tour entre leurs mains le pouvoir régalien de gracier l'aimé d'hier, désormais déchu et condamné à la peine capitale par un sort capricieux.

Le mécène qui aurait financé à l'aveugle la prochaine œuvre du maître aurait peut-être été surpris par l'audace d'un sir William lui contant la matière première de son projet. La vraisemblance n'a jamais été la vertu principale de l'écrivain, mais son ami aurait pu manifester quelque étonnement devant une histoire cousue à ce point de fil blanc, de chausse-trapes et de rebondissements peu vraisemblables. D'autant que, pour faire bonne mesure et convaincre son ami sceptique de poursuivre son financement à l'aveugle, il aurait ajouté en vrac : une obscure querelle en paternité littéraire ayant miné la relation du roi et du jeune prince, une rivalité née de conceptions militaires antagonistes pour défendre le royaume, des exils et des combats, des diatribes et des procès, des trahisons et des retournements de situation et, pour finir, chacun à son tour se serait retrouvé sur le tard en position d'être le fossoyeur d'un royaume et le bâtisseur d'une nouvelle dynastie. Au final, le plus jeune – tout en contenant au plus profond de son cœur les dernières braises de leur ancienne amitié – aurait triomphé, exilant en pleine mer le vieux monarque amer.

Malgré tout le respect dû au génie du maître, le mécène aurait-il misé un shilling sur le succès d'une histoire à ce point tirée par les cheveux ? Pousser le mimétisme entre ces deux personnages à ce niveau d'incandescence aurait eu de quoi donner le tournis. Et pourtant… Et pourtant, nous venons d'énoncer le résumé réaliste et précis du drame shakespearien qui retrace la façon dont deux officiers issus de Saint-Cyr, devenus chefs d'État, ont pu tour à tour s'admirer, s'aimer, se lier, se séparer, se déchirer, se gracier… s'aimer toujours ? Leur querelle a été personnelle avant de devenir nationale. Ils ont entraîné avec eux tout un pays tenant pour l'un puis pour l'autre, parfois pour les deux en même temps. Leur duo, devenu duel, incarne une des plus profondes fractures entre deux France. Il fallait donc éclairer cette face douloureuse de notre histoire en l'abordant par son volet le plus parlant : celui de la relation humaine, psychologique et politique entre ces deux hommes au parcours exceptionnel qui se sont mirés l'un dans l'autre. Chacun, pendant un temps, a été le Narcisse de son compagnon.

Ce qui ne manque pas de surprendre ici, c'est que ce drame national joue encore à l'occasion les prolongations. En 2018, lors des manifestations autour du centenaire de la fin de la Première Guerre mondiale, une polémique médiatique s'est enflammée sur la question de savoir s'il était possible ou non d'honorer un tant soit peu la mémoire du « maréchal de la Grande Guerre » – comme venait de le faire en termes très mesurés Emmanuel Macron[1] –, sans pour autant

1. Contrairement à plusieurs de ses prédécesseurs (Charles de Gaulle, François Mitterrand et Jacques Chirac), l'actuel président de la République n'avait pas fait fleurir la tombe de Philippe Pétain à l'île d'Yeu. Ses propos sur le maréchal de la Grande Guerre relevaient du service minimum, sans fleurs ni couronnes... Le plus éloquent sur ce thème du grand maréchal de 1914-1918 fut incontestablement le général de Gaulle en 1966 (anniversaire

réhabiliter le maréchal de Vichy. Comme le suggéraient étrangement certains « historiens », le général de Gaulle, l'homme du 18 Juin et le fondateur de la Vᵉ République, serait devant l'histoire le seul habilité à encenser le maréchal de Verdun, le sauveur de l'armée en 1917, sans que cela prête à confusion[2]... Le président Macron s'est donc retrouvé à son corps défendant propulsé dans un champ de tir mémoriel comme la France les affectionne. Pourtant, il n'avait fait que répéter *mezzo voce* ce que l'homme du 18 Juin n'avait jamais cessé de dire à propos de la grandeur du vainqueur de Verdun. La vigueur des échanges et le nombre d'émissions consacrées à cette question révélaient, une nouvelle fois, que le sujet conservait toujours l'essentiel de sa charge explosive. Raison de plus pour tenter d'en démonter la mécanique subtile dans un récit biographique croisé.

de Verdun) comme en 1968 (anniversaire de la fin de la Grande Guerre). Le lecteur le découvrira à la fin de ce livre.

2. L'auteur, invité à intervenir sur plusieurs plateaux sur cette polémique (notamment celui d'Yves Calvi sur Canal +), en a été le témoin médusé.

Prologue

De l'affection à la séparation, de la séparation à la déchirure, de la déchirure à l'affrontement, la relation Pétain-de Gaulle fut celle de deux visionnaires aux destins en miroir inversé, frayant avec les sommets et les gouffres. Elle a illustré quelques-unes des pages les plus glorieuses et les plus désastreuses de l'histoire de France dans sa version « guerre civile ». Rarement pareille rivalité aura divisé un peuple si durablement et si profondément. Dans un pays pourtant riche en duels[1], ce fut à un degré rare le choc de deux légitimités hautaines, de deux orgueils blessés par l'incompréhension des autres et par des promo-

1. Voir à ce sujet, notamment : Alexis Brézet et Jean-Christophe Buisson (dir.), *Les Grands Duels qui ont fait la France*, Paris, Perrin-*Le Figaro Magazine*, 2014. L'auteur a rédigé dans ce livre collectif un chapitre, intitulé « Philippe Pétain et Charles de Gaulle, un drame shakespearien », qui a fourni la matrice de ce livre.

tions militaires tardives. Ils se sont tant aimés pour ces douleurs muettes partagées d'un regard, pour cette griserie des altitudes auxquelles les médiocres n'ont pas accès. Cette relation incandescente prouve que la réalité peut, parfois, avoir tous les ingrédients d'une fiction dramatique.

Avant de faire retentir les cinq coups du brigadier et de faire dérouler les quatre actes de cette pièce, une rapide mise en bouche va permettre au lecteur de se mettre dans l'ambiance… en commençant par la fin.

Si l'on remonte le fil du temps, il n'y a pas d'autre exemple de deux hommes, jadis intimes, se retrouvant à tour de rôle en position de chef d'État ou de gouvernement avec la condamnation à mort de l'autre entre les mains. Après son départ pour Londres en juin 1940, le général de brigade à titre temporaire Charles de Gaulle est condamné à mort pour désertion par le tribunal militaire de Clermont-Ferrand. Le maréchal Pétain, alors chef de l'État français, fait savoir à ses proches qu'il n'est pas question que cette décision de justice militaire soit appliquée si de Gaulle revenait en France ou était capturé[2]. Cinq ans plus

---

2. Il se félicite néanmoins du principe, destiné, selon lui, à couper court à une possible hémorragie d'officiers vers Londres. Jean-Raymond Tournoux, dans son *Pétain et de Gaulle* (Paris,

tard, à la Libération, le général de Gaulle informe discrètement le tribunal qui juge Pétain pour haute trahison qu'un recours en grâce « pour grand âge » serait bien accueilli en cas de condamnation à mort. Ce qui est fait. La peine de mort est commuée par le chef du gouvernement provisoire de la République française en détention à vie. Le vieux maréchal déchu de ses titres, droits et honneurs terminera ses jours à l'île d'Yeu. Pour préserver son ancien mentor du déshonneur d'un procès public, le chef de la France libre avait tout fait pour que le vieil homme de 88 ans reste au chaud en Suisse, où il s'était momentanément réfugié après son périple allemand forcé « d'un

---

Plon, 1964), donne la photocopie d'une lettre signée par Pétain (mais non datée) précisant : « Il est évident que ce jugement par contumace ne peut être que de principe. Il n'a jamais été dans ma pensée de lui donner une suite. » Tournoux rapporte que cette note manuscrite aurait été ajoutée au dossier militaire de De Gaulle après le jugement. Le document présenté est sans doute une copie plus tardive (1944) d'une note allant dans ce sens et dont la présence est attestée par deux officiers de la même promotion de l'École de guerre que de Gaulle qui l'ont vue dans son dossier en 1943. Certains auteurs estiment néanmoins que ce document n'a vraiment vu le jour qu'en 1944, au moment où Pétain songeait à « se réconcilier » avec son ancien protégé. En toute hypothèse, si celui-ci était rentré en France après sa condamnation à mort, il est fort peu probable que la peine de mort eût été appliquée.

château l'autre[3] ». Il avait également fait savoir à ses subordonnés qu'il n'était pas question qu'une « mauvaise affaire » vienne mettre prématurément un terme à la vie de l'ex-grand homme, en clair qu'il soit abattu sommairement dans un fossé lors d'une « tentative de fuite »[4]. Las ! le vieillard têtu avait décidé de passer la frontière le 24 avril 1945, jour de ses 89 ans, pour répondre de ses actes devant la France. Le sort en était jeté et il ne restait plus que la grâce pour éviter la mort physique du « père » après une mort symbolique déjà actée depuis longtemps dans l'esprit de Charles de Gaulle.

Aveuglé par la sénilité, Pétain a-t-il voulu forcer la main du nouveau maître de la France par ce retour surprise ? A-t-il cru jusqu'au bout qu'il pourrait trouver un accommodement avec son ancien fils spirituel ? Pensait-il faire un dernier bon coup : une réconciliation *in extremis* qui aurait donné corps au fantasme d'un

3. Titre du célèbre livre de Louis-Ferdinand Céline qui raconte les déboires des hommes de Vichy invités forcés du IIIe Reich au château de Sigmaringen. Philippe Pétain a été enlevé par les Allemands le 20 août 1944. Il s'est ensuivi une pérégrination en Allemagne de résidence en résidence, avant le passage en Suisse.

4. Consigne donnée au général Marie Pierre Kœnig, commandant des FFI, qui doit « réceptionner » Philippe Pétain et son épouse à la frontière franco-suisse.

« bouclier Pétain » resté dans l'Hexagone pour mieux aider le « glaive de Gaulle » à se forger outre-Manche ? À Vichy, lorsqu'il était en confiance, le vieux soldat disait à certains de ses proches : « De Gaulle, c'est le meilleur. Nous nous retrouverons. Je me réconcilierai avec lui. Je m'arrangerai à la dernière minute… Je suis le parrain de son fils. Quelle intelligence ! »

Après le succès du débarquement du 6 juin 1944 en Normandie, il avait rêvé d'accueillir dans son giron paternel aux sept étoiles le fils prodigue revenu de son exil. N'était-ce pas une façon de prouver qu'il ne s'était pas trompé en donnant à la France ce « fils » prodige qu'il avait relevé si souvent de la tourbe dans laquelle le haut commandement l'avait plongé ? Le général de Gaulle avait balayé avec mépris, mais non sans émotion, le courrier secret transmis le 27 août 1944 par l'amiral Gabriel Auphan[5]. Pétain y invitait son ancien disciple à se rapprocher de lui pour une

---

5. C'est lui qui avait donné comme consigne aux deux amiraux de Toulon de saborder la flotte en cas d'invasion de la zone sud par les Allemands. L'amiral Auphan sera avec le général Weygand un opposant farouche à la politique de collaboration. Il cherchera en 1942 à faire passer Pétain en Afrique du Nord. Son anglophobie, sa conception du devoir et son refus de la « dissidence » l'empêcheront de se ranger du côté des Français libres.

passation de pouvoir en douceur ! « Je suis prêt à m'effacer pourvu qu'on ne mette pas en cause ma légitimité. La révolution doit être évitée. Dites à de Gaulle que je n'ai jamais eu l'intention de le fusiller. [...] Il faut tenter ce geste pour la France, expliquait alors le vieil homme à Auphan. Mais vous n'arriverez à rien. Il est trop orgueilleux. »

Le Maréchal imaginait confier à son ancien poulain, dans un premier temps, un poste... de secrétaire d'État « pour qu'il se fasse la main ». « Chef du gouvernement tout de suite, c'est imprudent ! », avait-il dit à l'amiral. « Il ferait d'abord ses preuves ; il donnerait sa mesure. Il faut une préparation à tout. On verrait ensuite s'il est capable de devenir président du Conseil. » À d'autres, il précisait : « Il faudra dire au Général que je n'ai pas l'intention de rester longtemps au pouvoir. Quelques mois seulement, *avec lui* [souligné par nous], pour consolider l'union qui naîtra de notre entente. Au fond, nous avons les mêmes idées[6]. Le plus tôt possible, je retournerai dans ma propriété, vivre en paix. » Croire

6. La réflexion de Pétain n'est pas entièrement fausse en ce qui concerne le domaine institutionnel. Dans les travaux préparatoires à une nouvelle Constitution (travaux n'ayant jamais abouti) enfouis dans les cartons de Vichy, certaines pistes sont proches de la future Constitution de la Ve République, et surtout de sa réforme de 1962 actant la suprématie d'un président de la République élu par le

en de telles combinaisons, à un pareil moment, en disait long sur l'absence totale de sens politique et psychologique du vieillard. Sénilité ? Comment imaginer que son ancien protégé – après avoir bravé tous les dangers pour sauver l'honneur de la France, après avoir avalé et surmonté toutes les avanies déversées par tombereaux par le régime de Vichy – entende composer *in extremis* avec ce chef désormais *nu* ? C'était oublier qu'après avoir brisé net avec son « patron » en 1938 pour une sombre querelle en paternité littéraire, le Connétable avait un certain 18 juin voué aux gémonies un chef vautré dans la fange de la capitulation. Pour Charles sans Terre, la séparation de corps et d'esprit était actée depuis bien longtemps avec un Philippe le Bel[7] qui lui avait manifesté jadis une affection d'autant plus profonde qu'il en était d'ordinaire peu prodigue.

Constatant que la main tendue en 1944, *via* Auphan, n'avait pas été saisie, Pétain fait part à son confesseur, le chanoine Potevin[8], de sa profonde déception. Il le fait avec des mots signés du poids des ans : « Je ne demandais qu'à transmettre ma légitimité au géné-

peuple pour sept ans. Les deux hommes partageaient l'idée d'un pouvoir central fort régnant au-dessus de la mêlée.

7. Surnom donné dans l'armée à Philippe Pétain à cause de ses nombreuses conquêtes féminines.

8. Philippe Pétain a retrouvé sur le tard le chemin de l'église.

ral de Gaulle. Mais j'avais tout de même travaillé et fait quelque chose pour le redressement de la France. Pourquoi n'a-t-il pas voulu en tenir compte ? Je le connais bien, de Gaulle. Dans sa carrière, il a eu sans cesse des histoires. J'ai réglé toutes les difficultés. Il est le seul officier en faveur de qui je suis intervenu. Vous voyez comment il me remercie et où cela me conduit[9]. »

Dans son cadre carcéral de l'île d'Yeu, le condamné Pétain remâchera maintes et maintes fois son dépit d'avoir été trahi par son enfant chéri. Devant son gardien, il dénoncera le tempérament impossible du « Dindon », son incroyable insolence, son arrogance sans égale et surtout son ingratitude de granit pour son vieux maître. « C'est un vaniteux et un ingrat. Il a peu d'amis dans l'armée. » Mais, quelques secondes plus tard, il encensera le fils perdu, soulignant ses incroyables talents, sa mémoire prodigieuse, sa plume, la puissance de son esprit. « Ses qualités, je les connais mieux que quiconque. Je les ai fait ressortir dans ses notes. [...] C'est un officier que j'ai aimé et admiré. » Pétain ne ment pas, il a vraiment *aimé* et *admiré* son jeune féal. Le contraire n'a jamais été tout à fait vrai : de Gaulle n'a fait qu'admirer son mentor et protec-

9. Jean-Raymond Tournoux, *Pétain et de Gaulle*, *op. cit.*

teur. Quant à l'affection, il la réserve à la seule France derrière laquelle se tient la figure révérée de sa mère Jeanne… et la sienne.

Toujours à l'île d'Yeu, pour faire bonne mesure et illustrer le souvenir de leur intimité perdue, Philippe Pétain n'hésitera pas à ressusciter la fable – alimentée jadis par de Gaulle lui-même – selon laquelle il aurait été le parrain catholique du jeune Philippe de Gaulle (le futur amiral). Il n'en est rien[10]. En revanche, il est vrai que le seul fils de Charles de Gaulle – né le 28 décembre 1921 – a grandi avec, dans sa chambre, une belle photographie du vainqueur de Verdun ainsi dédicacée : « À mon jeune ami Philippe de Gaulle, en lui souhaitant de réunir dans la vie toutes les qualités et tous les dons de son père. Affectueusement. »

Jusqu'à son dernier souffle, le vieil homme a conservé pour son jeune « double » l'affection amère et mordante teintée d'incompréhension d'un père

10. Le 28 décembre 1921, Charles de Gaulle devient le père d'un garçon prénommé Philippe en l'honneur du Maréchal. De Gaulle lance lui-même la rumeur du « parrainage » de Pétain ; or c'est tout au plus un parrainage symbolique à travers le prénom et non un parrainage devant l'Église, d'une part parce que Pétain est marié depuis un an à une divorcée, d'autre part parce que la tradition familiale chez les de Gaulle et les Vendroux fait des grands-parents les parrains des nouveau-nés.

déçu par un rejeton dont il avait voulu faire l'instrument de sa revanche sur un *establishment* militaire qui l'avait tant méprisé, lui aussi, avant la guerre de 1914. Il n'a jamais ménagé sa peine pour protéger et promouvoir son jeune protégé, tandis que ce dernier, impressionné par son art du commandement et par son fabuleux destin, songeait déjà intérieurement à la meilleure manière de façonner le sien. Assez curieusement, dans cette affaire de cœur, c'est Pétain qui a manifesté d'une façon presque désintéressée (on verra plus loin le sens du « presque ») le plus d'engagement dans leur relation. Charles de Gaulle a, sans grand complexe, usé et abusé de l'inclination pour lui de ce maréchal sans enfants. Il a même continué à essayer de le faire, quelques années avant la Seconde Guerre mondiale, alors que son jugement sur son ancien héros était déjà sans appel (il le jugeait « sénile »). Il tente ainsi, en 1934[11], de convaincre le nouveau ministre

11. Charles de Gaulle publie en mai de cette même année son ouvrage *Vers l'armée de métier*. L'expression choque le Maréchal, tout autant que le contenu sur la nécessité de constituer de grandes unités cuirassées servies par cent mille professionnels servant aux côtés de leurs camarades issus de la conscription. Contrairement à ce que l'on peut lire ici ou là, de Gaulle n'a jamais été favorable à une armée entièrement professionnelle, comme celle dont la France dispose depuis la fin du XXe siècle. En février précédent,

de la Guerre Philippe Pétain de le prendre dans son cabinet. Las ! la relation est déjà à ce point détériorée que celui-ci ne répond même pas à sa carte-lettre de candidature. De Gaulle en est profondément meurtri, sans pour autant être capable de s'interroger sur sa part de responsabilité dans cette situation.

Quand vinrent les premiers chocs de la Seconde Guerre mondiale, le vieux maréchal était « mort » depuis longtemps pour de Gaulle. « En 1925 », précisait-il à Londres, faisant allusion à l'escapade de Pétain au Maroc, à la demande de son ami le président du Conseil Painlevé, pour y *voler* une parcelle de gloire au maréchal Lyautey aux prises sur *ses* terres avec la révolte d'Abdelkrim. Par la suite, le chef de la France libre mit sur le compte du gâtisme et de l'orgueil le « naufrage » tragique du vainqueur de Verdun en juin 1940. Toutefois, il conserva longtemps une sorte d'admiration douloureuse pour celui qui fut son infatigable défenseur pendant une vingtaine d'années. « C'est un grand bonhomme, je l'ai toujours dit ! »,

---

Philippe Pétain avait été appelé au ministère de la Guerre. C'est en juillet 1934 que de Gaulle se résout à lui écrire pour tenter de faire partie de son équipe. C'était un peu tard et le Maréchal était déjà échaudé. Pétain restera à l'hôtel de Brienne du 9 février au 8 novembre 1934. Si de Gaulle l'avait rejoint en juillet, il ne serait resté au sein de son cabinet que cinq mois.

confie-t-il tout à trac à un proche qui vient de lui raconter que, le premier jour de l'audience du procès Pétain (23 juillet 1945[12]), la salle farouchement hostile au Maréchal s'est levée d'un seul bloc, comme mue par un ressort invisible, quand il y a pénétré de son pas auguste, avec pour seule décoration sur la poitrine la médaille militaire, celle des humbles.

12. Il dure jusqu'au 15 août 1945.

Acte 1
La fascination

> « La fascination qu'exerce un être sur un autre ne provient pas de ce qu'exhale sa personnalité à l'instant de la rencontre. C'est de la somme de tout son être que se dégage une drogue puissante capable de séduire et d'attacher. »
>
> Anaïs Nin

« Sous-lieutenant Charles de Gaulle, appelé à l'honneur de servir dans votre régiment. À vos ordres mon colonel !

— Repos, lieutenant ! »

En ce mois d'octobre 1912, le colonel qui reçoit ce nouvel officier récemment affecté à son régiment se nomme Philippe Pétain. À 56 ans, il est le chef de corps du 33e régiment d'infanterie d'Arras (Artois). Tiré à quatre épingles, le jeune lieutenant de 22 ans qui vient de se présenter selon l'usage connaît bien cette garnison sur laquelle flottent les mânes caparaçonnés de Turenne, de Condé… et de Cyrano de Bergerac (un acte de la pièce d'Edmond Rostand s'y déroule). Il y a servi comme simple soldat après sa réussite au concours de l'École spéciale militaire de Saint-Cyr en 1909[1]. À cette époque, tout jeune saint-cyrien doit accomplir une année en corps de troupe en partant de la base. L'idée de la IIIe République est de sensibiliser les futurs chefs de l'armée à la réalité de la vie de la troupe avant de recevoir l'épaulette. Les républicains entendent lutter ainsi contre l'esprit de caste qui aurait, selon eux, empoisonné le Second Empire et provoqué le désastre de 1870 face à la Prusse.

Ce genre de rencontre réglementaire est très formel : lors de son arrivée dans sa nouvelle affectation, tout jeune officier doit se présenter à son chef de corps en grande tenue, képi, sabre et gants blancs. L'échange est généralement des plus succincts. Dans le cas présent, Pétain lui indique la compagnie dans laquelle il va prendre son commandement de chef de section. Peut-être l'a-t-il questionné sur son choix d'un régiment d'infanterie alors que son bon classement à

1. Philippe Pétain ne commande pas encore le 33e RI à cette date.

la sortie de Saint-Cyr[2] lui ouvrait les portes des prestigieux régiments de cavalerie généralement fort prisés par les cyrards à particule sortis bien classés de l'école. Charles de Gaulle dirait plus tard qu'il avait choisi la reine des batailles (l'infanterie) parce que c'était à ses yeux l'« arme la plus militaire ». Il n'était pas entré au sein de l'arche sainte que représente toujours l'armée – en dépit de l'affaire Dreyfus – pour y faire de la figuration et briller au mess des officiers de cavalerie en dolman bleuté brodé d'astrakan, une coupe de champagne ou une queue de billard à la main.

Depuis sa plus tendre enfance, Charles de Gaulle nourrit pour la France une passion inextinguible et pour l'armée un amour dévorant. Il a très vite perçu que la puissance de la seconde garantissait la grandeur de la première. Sa mystique patriotique a été nourrie par deux courants. Du côté de son père, Henri de Gaulle, « monarchiste de regret et républicain de raison » selon sa formule[3], ancien combattant de 1870

---

2. Il est sorti 13e de sa promotion.

3. Le père de Charles de Gaulle était pétri des valeurs portées par la doctrine sociale de l'Église en faveur des plus démunis et des laissés-pour-compte de la société. Ce catholicisme social se retrouvera plus tard dans l'action politique du président de Gaulle (1958-1969) : intéressement, participation, recherche d'une troisième voie entre capitalisme et collectivisme…

blessé au combat, c'est la raison qui prime. Elle fait comprendre au jeune Charles que la France ne peut être pleinement elle-même que dans la grandeur. C'est notamment par l'enseignement de l'histoire qu'il a saisi l'impérieuse nécessité de toujours défendre la dignité d'un pays à nul autre pareil, mais éternellement fragilisé par ses querelles intestines. Charles de Gaulle veut se comporter en Romain stoïque et stratège plus qu'en Gaulois brouillon et batailleur. « Mon père, homme de pensée, de culture, de tradition, était imprégné du sentiment de la dignité de la France. Il m'en a découvert l'histoire », souligne-t-il dans ses *Mémoires de guerre.*

Avec sa mère, c'est autre chose… À son contact, une « certaine idée de la France » s'est fixée dans son âme enfantine d'une façon à la fois charnelle et spirituelle. « Ma mère portait à la patrie une passion intransigeante à l'égal de sa piété religieuse[4]. » Charles, ses trois frères et sa sœur ont été élevés, comme il le dira lui-même, dans « une certaine fierté anxieuse » au sujet de la mère patrie. Elle est fragile dès qu'elle s'oublie. Elle se perd immanquablement quand elle ne campe pas sur les hauteurs. Seule l'excellence lui va bien au teint. Il faut donc la préserver, la protéger… y compris des Français eux-mêmes.

---

4. Charles de Gaulle, *Mémoires de guerre. L'Appel, 1940-1942*, Paris, Plon, 1969.

L'idée d'avoir à veiller sur elle lui a été insufflée par les récits tragiques de sa mère. Elle avait 10 ans lors de l'invasion allemande de 1870. Ses souvenirs d'enfance de cette « année terrible » (Victor Hugo), qui vit la France prospère de Napoléon III s'effondrer sur elle-même en quelques semaines[5], ont traumatisé à jamais la petite fille. Lui revient notamment en mémoire l'odieuse capitulation du maréchal Bazaine[6]. Le désarroi et la douleur

5. La France déclare la guerre à la Prusse le 17 juillet 1870. Le 2 septembre, l'empereur se constitue prisonnier à Sedan. Le 4 septembre, la IIIe République est proclamée.

6. François Achille Bazaine (1811-1888) fut l'un des maréchaux du Second Empire. Durant la campagne de 1870, il fait preuve d'un manque de jugement et de combativité manifeste. Commandant en chef de l'armée du Rhin, il prend la décision inexplicable d'enfermer ses corps de troupe (cent quatre-vingt mille hommes) dans la place forte de Metz plutôt que de fondre sur l'ennemi pourtant à sa portée et en situation de faiblesse après la bataille de Mars-la-Tour (16 août). Il laisse également le maréchal Certain de Canrobert, qui inflige de rudes coups à ses ennemis à Saint-Privat, sans renforts ni appuis, se privant de nouveau d'un succès marquant sur le terrain. Il capitule le 28 octobre 1870 et cède la place de Metz avec hommes, armes et bagages. Mis en cause après la chute de l'Empire pour sa pusillanimité et la « trahison » des devoirs de sa charge, il demande lui-même à passer en conseil de guerre pour laver son honneur (1873). Il est condamné à la peine de mort et à la dégradation par le tribunal militaire présidé par le duc d'Aumale pour capitulation en rase campagne, abandon de place forte sans avoir épuisé tous les moyens de

devant l'invasion de la Grande Nation passent directement du cœur de la mère à celui du fils avec une exhortation subliminale : « Fais que cela n'arrive plus jamais ! » Pour le jeune Charles, cette mission sacrée ne saurait supporter la moindre faille, le moindre renoncement, la moindre compromission, la moindre concession, le moindre sentimentalisme. Son esprit de résistance s'est inscrit dans son psychisme à l'âge où se forment le caractère et les premiers soubassements de la pensée. Il forge un faisceau désormais consubstantiel à sa personne. Le tempérament particulier de ce jeune patriote surdoué fait de ce legs parental une ardente obligation de laquelle rien ne pourra jamais le détourner. Cœur (maternel) et raison (paternelle) ne font qu'un dans l'âme du jeune homme, qui entend bien se consacrer exclusivement à la passion de sa vie : la patrie. La défendre par les armes est une obsession. Elle explique cette tension intérieure si dévorante qui le conduit parfois à la dépression quand il a le sentiment de ne pas être à la hauteur de cette exigence hors du commun. Très tôt, le jeune de Gaulle ne s'appartient plus. Il appartient à la France. Il entend

---

résistance, contacts avec l'ennemi. Sa peine est commuée en vingt années de prison. Au grand dam de Victor Hugo, Mac-Mahon, maréchal-président de la toute nouvelle IIIe République, veille à ce que la dégradation ne soit pas appliquée. Bazaine s'évade de sa prison en 1874 et s'exile en Espagne.

être son héros et son héraut. Son patronyme même ne l'y prédestine-t-il pas, même s'il porte un « l » de trop en français… mais pas en latin (*Gallia*) ?

Ses cahiers d'écolier sont remplis de chocs, de fureurs et de batailles. Quand il joue à la guerre avec ses petits camarades et ses trois frères, il est toujours le généralissime français. Il leur laisse les mauvais rôles, ceux des ennemis anglais ou prussiens. « Je dois dire, expliquera-t-il dans ses *Mémoires de guerre*, que ma prime jeunesse imaginait sans horreur et magnifiait à l'avance cette aventure inconnue [de la guerre]. En somme, je ne doutais pas que la France dût traverser des épreuves gigantesques, que l'intérêt de la vie consistait à lui rendre, un jour, *quelque service signalé* [souligné par nous] et que j'en aurais l'occasion. »

Aussi écrit-il à l'occasion des poèmes dans lesquels se déploie toute sa passion pour l'héroïsme guerrier[7]. Il a alors 17 ans :

> Quand je devrai mourir, j'aimerais que ce soit
> Sur un champ de bataille, alors qu'on porte en soi
> L'âme encor tout enveloppée

7. Max Gallo, *De Gaulle. L'appel du destin*, Paris, Robert Laffont, 1998.

Du tumulte enivrant que souffle le combat
Et du rude frisson que donne à qui se bat
Le choc mâle et clair de l'épée.

J'aimerais que ce soit, pour mourir sans regret
Un soir où je verrais la Gloire à mon chevet
Me montrer la Patrie en fête
Un soir où je pourrais, écrasé sous l'effort,
Sentir passer, avec le frisson de la Mort,
Son baiser brûlant sur ma tête.

Compte tenu de cette prédestination familiale, de ces premières nourritures de l'âme, le choix des armes s'impose naturellement à l'âge adulte. « Quand j'entrai dans l'armée, elle était une des plus belles choses du monde », dit-il dans ses *Mémoires de guerre*. À 19 ans, il intègre la prestigieuse école de Saint-Cyr, d'où il sortira mieux classé qu'il n'y est entré[8]. Ses débuts ne sont pas faciles même s'il est bien noté. Naturellement doué pour le commandement, il l'est nettement moins pour la camaraderie. C'est un être réservé, que sa taille démesurée pour l'époque éloigne encore plus de ses contemporains. En brodequins cloutés et coiffé d'un casoar (ou képi à plumes), il dépasse les deux

8. Il y entre 119e sur 221 (1909) et en sort 13e sur 211 (1911).

mètres[9], quand ses camarades plafonnent en moyenne à 1,70 mètre dans le même appareil. Il est d'emblée décalé. Après guerre, il confiera à des proches (rare confidence…) à quel point les « géants » sont embarrassés par tout ce qu'il y a autour d'eux : les tables sont trop basses, les lits trop courts, les hommes trop loin[10]… Mentalement, psychologiquement et physiquement, il voit tout de haut, de très haut. De là à le croire hautain et méprisant, il n'y a qu'un pas qui sera vite franchi par ses supérieurs et ses camarades. Il est vrai qu'il ne fait rien pour contrer cette première impression, car le jeune homme est doté d'un orgueil d'airain, mais également d'une grande timidité qu'il soigne en cultivant la distance. Ses notations traduiront ce décalage qui l'isole au risque de le marginaliser : « attitude de roi en exil », « connétable », etc. Sans compter les surnoms moqueurs donnés par ses pairs – tradition militaire oblige : « le dindon », « le paon », « la grande asperge », « le pachyderme », « la gaule », « le sot-en-hauteur », « le double-mètre »… Les sobriquets n'ont jamais été de nature à aider un timide à se

9. La taille de Charles de Gaulle varie dans les ouvrages de référence entre 1,93 et 1,96 mètre. Dans les deux cas, il s'agit pour l'époque d'une taille gigantesque.

10. Julian Jackson, *De Gaulle. Une certaine idée de la France*, Paris, Seuil, 2019.

dépêtrer de sa gêne. La seule voie qui lui reste alors, ce sont encore les hauteurs. Un jeune homme comme Charles de Gaulle, pétri de patriotisme incandescent et de culture, a très vite compris qu'il avait plus de chance d'y rencontrer peu de monde, donc d'y être moins blessé par l'incompréhension des autres. Pour autant, on ne peut considérer qu'il ait eu à souffrir de son passage à Saint-Cyr. Son rang de sortie (13e) prouve que l'élève officier a été apprécié à sa juste valeur, même s'il est jugé froid et distant.

En 1912, c'est donc bouillant d'un grand feu intérieur qu'il se présente devant son colonel, avec son galon doré d'officier. Très sentimentaux, les officiers conservent le plus souvent un souvenir pieux de leurs premiers chefs. De Gaulle n'échappe pas à la règle. La fusion est ici particulièrement forte. Le beau colonel Pétain[11] commande depuis plus d'un an le 33e régi-

---

11. Comme on l'a déjà mentionné, on le surnomme dans l'armée « Philippe le Bel », allusion à ses nombreuses conquêtes féminines. Pendant la guerre, il poursuivra une vie amoureuse intense, au point parfois de se mettre en difficulté. Les Allemands ont, notamment, payé grassement une belle Espagnole pour le séduire et obtenir sur l'oreiller quelques secrets. Alerté par le lieutenant-colonel Serrigny, son plus proche collaborateur, de l'interception par les services de renseignement français d'un message crypté allemand faisant état de cette insidieuse infiltration auprès de lui, Pétain est bien obligé de convenir qu'il connaît la dame en question. Serrigny

ment d'infanterie[12]. Dès la page 2 de ses *Mémoires de guerre* – écrits pourtant après la Seconde Guerre mondiale –, de Gaulle parle de lui en des termes flatteurs : « Mon premier colonel : Pétain, me démontra ce que valent le don et l'art de commander. » Il ne le dit d'aucune autre personnalité militaire. En peu de mots, tout est dit d'une relation étonnante, de fascination réciproque, qui s'amorce.

Le jeune Charles n'est qu'un simple sous-lieutenant parmi des milliers d'autres en France. Une question le taraude : « Serai-je à la hauteur ? » Il a tout à prouver sous l'œil sourcilleux de ce colonel qui n'a pas la réputation d'être un tendre. Il a tout à apprendre de lui. Pétain pense que l'art du commandement est un oxymore. Le chef d'une unité d'infanterie doit être à la fois proche et lointain. Proche de ses hommes pour pouvoir les conduire au combat le moment venu ; lointain, car le chef n'est pas un camarade qui joue la carte fallacieuse du copinage. Le commandement est un art froid et solitaire. C'est sous le couvert de cette double exigence que le jeune de Gaulle fait ses pre-

l'invite alors à se montrer plus prudent avec les belles qui passent à l'horizon. Voir *Trente ans avec Pétain*, Paris, Plon, 1959.

12. Julian Jackson, *op. cit.*, commet une erreur en écrivant que de Gaulle retrouve ainsi le chef de corps qu'il avait eu quand il était simple soldat au 33e RI. Pétain ne le commandait pas encore en 1909.

miers pas d'officier d'infanterie. Avant de le recevoir, son supérieur n'a pas manqué de jeter un coup d'œil sur ses notes de Saint-Cyr. Elles prouvent qu'il n'a pas, pour l'instant, de raisons de se plaindre de l'institution.

> Notation du sous-lieutenant Charles, André, Joseph, Marie, de Gaulle (né le 22 novembre 1890) :
> Conduite : Irréprochable
> Tenue : Très correcte
> Intelligence : Très vive
> Éducation : Soignée
> Caractère : Droit
> Attitude : Très belle
> Zèle : Très soutenu
> Esprit militaire : Très développé
> Physique : Sympathique
> Aptitude à la marche : Très bonne
> Résistance à la fatigue : Grande

Tous les samedis, le colonel Pétain fait défiler son beau et vénérable régiment dans les rues de la ville après avoir traversé la grand-place. Gare à qui ne tiendrait pas son rang et ferait honte au régiment. Le lieutenant de Gaulle est sanctionné par quelques jours d'arrêts simples pour ne pas avoir tenu en main sa section lors du passage d'un goulet d'étranglement qui le surprend lors de l'un de ces traditionnels défilés dans Arras. Pétain donne le sentiment à ses cadres de tout voir, de tout savoir et de ne rien laisser passer. Au-delà de cet incident marginal, il va avoir seize mois pour peser et soupeser ce jeune sous-lieutenant que rien ne distingue encore des trente et un autres de ses camarades lieutenants du régiment, sauf une allure d'un autre temps et une taille gigantesque.

Au commencement, il y a donc eu le regard croisé et nécessairement asymétrique entre un saint-cyrien d'ascendance paysanne venu au monde sous le Second Empire dans un hameau rural de quatre cents âmes, Cauchy-à-la-Tour (Pas-de-Calais), et un autre, né en 1890 à Lille, capitale du nord de la France, dans une famille conservatrice de la petite aristocratie[13]. Pour bien mesu-

13. Ce point fait débat dans certains ouvrages. Des auteurs estiment que le nom « de Gaulle » serait d'origine flamande. Dans ce cas, la particule ne signerait pas une origine aristocratique française. Jean-Raymond Tournoux balaie cet argument en fournissant les armoiries de la famille de Gaulle : trois noix de galle (voir *Pétain et de Gaulle*, *op. cit.*). Dans sa biographie, Jean Lacouture (*De Gaulle*, t. 1 : *Le rebelle*, Paris, Seuil, 1984) confirme et écrit à ce propos : « Avec un mélange, dans l'ascendance, de noblesse de robe et de porteurs d'épée, c'étaient depuis un siècle des gens de plume, des clercs, commis de l'État et érudits, écrivains de province et secrétaires de cours. Des intellectuels impécunieux et prudes avec un oncle cuirassier et un cousin curé, des gens qui

rer l'espace-temps qui les sépare (trente-quatre années), il faut rappeler que quand Charles de Gaulle voit le jour dans le nord de la France, Philippe Pétain est déjà, à Paris, officier stagiaire à l'École supérieure de guerre.

Au physique, les deux hommes sont aussi dissemblables qu'il est possible. Pétain est bien proportionné, beau de traits, altier de port de tête, la taille bien prise dans l'uniforme, une allure générale équilibrée, un éclat d'ironie permanent au coin de l'œil ; de Gaulle est étrange, un peu inquiétant, du style moine-soldat, facilement sombre, mal à l'aise dans son grand corps. Il a un nez proéminent, un menton trop absent pour rééquilibrer un visage improbable à la Cyrano de Bergerac. Ce géant empêtré semble plus fait pour porter le heaume des Templiers que le chapeau mou du « pékin » (surnom que les militaires donnent aux civils). Physiquement différents, ils sont en revanche très proches de tempérament. À quelques années de distance, on ne peut

---

savaient la grammaire, le latin et le grec, beaucoup d'histoire et un peu de géographie, qui allaient à la messe et servaient l'État sans trop demander en retour, en regrettant dignement de mettre leur talent et leur vertu au service de la république plutôt qu'à la disposition d'un successeur des "quarante rois qui, en mille ans, firent la France". » Julian Jackson (*op. cit.*) écrit enfin : « Par son père, il descend d'une famille de la noblesse de robe parisienne désargentée ; par sa mère, de la bourgeoisie provinciale aisée. »

d'ailleurs qu'être frappé par le parallélisme des notations des deux officiers. En 1890, le premier est jugé « froid » par ses supérieurs, mais le rédacteur ajoute : « Gagne à être connu. » En 1924, pratiquement au même âge que Pétain, on lit à propos de De Gaulle : « Caractère froid, distant à première vue, gagne à être connu. »

Ils ne le savent pas encore, mais ils ont en commun trois marqueurs personnels : une très haute estime de soi, nourrie de la conviction que les autres voient moins loin et moins juste qu'eux ; une forte aptitude à dire ce qu'ils pensent sans trop se préoccuper des conséquences ; enfin, une réelle timidité. Le timide qui veut peser sur le cours des événements doit forcer sa nature. Il ne s'entoure pas de circonvolutions. Il force le passage pour s'arracher à sa propre gêne intérieure. Pour cacher leur embarras, les deux hommes tiennent les autres à bout de gaffe. Pétain est froid, cinglant, pète-sec, moqueur. Son humour caustique s'exprime souvent au détriment d'une tierce personne présente. Sa causticité s'exerce vers le haut comme vers le bas de la hiérarchie. Il peut être extrêmement vachard dans ses propos, clouant au pilori la sottise ou l'incompétence de tel ou tel. Sa réserve naturelle se retranche derrière un physique qui en impose par le regard bleu acier, la tête cernée très jeune d'une couronne blanche et la lèvre ourlée d'une moustache si gauloise. Il fustige les bavards et crible de ratures les rapports spongieux de trop de mots. Sujet, verbe, complément : telle est sa doctrine littéraire. Cela lui a valu à l'École supérieure de guerre le surnom de « Précis le sec ».

Le plus jeune campe déjà sur les cimes de la gloire rêvée. Son allure – il est toujours tiré à quatre épingles, avec sabre et gants blancs –, son style tranchant, son côté donneur de leçons, son peu de considérations *a priori* pour le point de vue de ses pairs créent parfois plus de répulsion que de fascination à son endroit. À Saint-Cyr, il fait partie des taiseux ordinaires. Son voisin de lit étant du même style (un futur ingénieur général), ils n'auront échangé au cours de leur scolarité de deux ans que quelques mots... De Gaulle parle peu, mais travaille beaucoup pour rattraper son retard à l'entrée (on se souvient que son classement ne fut pas fameux). Aussi est-il très vite classé dans la catégorie des « brutes pompières[14] ». Il en est un autre parmi ses camarades : il se nomme Alphonse Juin. Ce fils de gendarme d'Afrique du Nord (il est né à Bône), bûcheur et tenace, finira major de la promotion Fez[15].

---

14. Dans l'argot de Saint-Cyr, la « pompe » désigne le travail, l'étude.

15. Cette promotion accueille 212 élèves, sans compter ceux intégrés à titre étranger : près d'une centaine périront au combat.

De Gaulle et lui se retrouveront plus tard... Le seul moment où ses camarades le voient déposer momentanément sa cuirasse d'airain et son air hautain, c'est lors des opérations de « bahutage » (le bizutage chez les civils) des nouveaux venus. Il sait alors jouer de son allure et de son gabarit pour amuser ou tourmenter les « bazars » (élèves de première année). Il lui arrive de déclamer la fameuse tirade du nez de *Cyrano de Bergerac*, qui lui va comme un gant. Enfant, il s'est entraîné avec ses frères et sa sœur à mémoriser des centaines de vers, dont ceux de Rostand. Son cerveau semble en avoir conservé une plasticité exceptionnelle. Le son de sa voix sourde se fait également entendre lors des exposés sur une matière qu'il affectionne : l'histoire militaire. Il brille alors et force l'admiration.

Quand le jeune homme arrive à Arras (ville de Robespierre) pour prendre en main sa section, la réputation d'esprit iconoclaste de son chef de corps est solidement établie. Elle ne peut que le séduire. Il tombe très vite sous le charme du grand bonhomme, mais c'est en le pratiquant en 1912 et 1913, au jour le jour, qu'il va nourrir un esprit filial puissant. De Gaulle ressent une forte osmose instinctive avec son nouveau mentor, alors que lui-même n'a encore rien entrepris. Il voit dans sa carrière sans grand brio l'exemple même de la balourdise naturelle d'un système rigide qui préfère le conformisme à la lucidité, le claquement de talons à l'ouverture d'esprit.

L'avancement du « biffin » (fantassin) Pétain a été, de fait, assez lent[16]. Il a pris son commandement du 33e RI à 56 ans et son horizon professionnel paraît bouché. C'est donc avec le grade de colonel qu'il doit en bonne logique achever une carrière militaire entièrement passée en métropole de garnison en garnison. Il a d'ailleurs déjà arrêté son lieu de résidence pour sa retraite : ce sera le midi de la France. Sans fortune, il devra y vivre, sans excès possible, de sa maigre pension militaire.

Selon la formule consacrée dans l'armée, il a progressé « l'annuaire sous le bras », c'est-à-dire à l'ancienneté et pas tellement au choix[17]. « J'ai été vieux lieutenant, vieux capitaine, vieux colonel. J'ai été vieux dans tous mes grades... », confiera l'intéressé après guerre, avec une lueur de malice dans l'œil pour bien montrer qu'ensuite il s'est rattrapé. Il faut dire qu'il a lui-même refusé,

---

16. Le débat reste ouvert sur la question de savoir si Pétain, d'ailleurs toujours plutôt bien noté, a eu une carrière lente mais classique à l'époque, ou si son tempérament iconoclaste explique la lenteur de son avancement et surtout sa sortie programmée de l'institution sans les fameuses étoiles de général qui consacrent un « beau » parcours.

17. Voir Jean-Raymond Tournoux, *Pétain et de Gaulle*, *op. cit.*

au moins à une reprise, une promotion accélérée qui lui aurait permis d'être en position de décrocher à temps des étoiles de général de brigade[18]. Jugeant cette faveur injuste en comparaison du parcours de certains de ses camarades plus méritants, il a assez noblement décliné. Mais dans l'armée, le plat repasse rarement deux fois. Surtout, comme on va le voir, quand on manifeste de surcroît très peu de doigté dans la capacité à se faire bien voir du haut commandement. Ce comportement peu carriériste, qui n'est pas contestable, sera amplement magnifié sous Vichy[19] et fournira à la propagande

18. En 1900, le commandant d'infanterie Pétain est détaché à l'école de tir de Chalon-sur-Saône. On lui propose d'en prendre rapidement la direction. Or, ce poste est toujours confié à un lieutenant-colonel (grade juste au-dessus de celui de commandant). On propose donc au commandant Pétain d'être rapidement et avantageusement promu au grade supérieur pour pourvoir le poste. Il refuse, estimant que d'autres commandants plus anciens que lui dans cette école seraient lésés et verraient d'un mauvais œil le plus jeune, en ancienneté de grade, passer devant eux par la faveur du Prince. Plus tard, il expliquera également ne pas avoir voulu accepter une promotion d'un général qu'il n'appréciait pas. S'il avait passé outre ses scrupules et ses réserves, on peut raisonnablement penser qu'il aurait eu ses étoiles de général avant la guerre de 1914. Voir Bénédicte Vergez-Chaignon, *Pétain*, Paris, Perrin, 2014.

19. Le général Laure, dans sa biographie de 1941 – *Pétain*, Paris, Berger-Levrault –, le souligne à l'envi pour mieux mettre en valeur les qualités de son chef.

de l'État français une thématique inépuisable sur son sens du sacrifice et du service désintéressé de la patrie.

Non seulement Pétain néglige les promotions exceptionnelles quand elles passent à portée de képi, mais il estime impossible d'altérer un tant soit peu sa pensée pour faciliter son avancement. Ses idées et son style sans fard déplaisent dans certains cercles du pouvoir militaire. Professeur à l'École de guerre (1911), avant de prendre son commandement à Arras, il n'hésite pas à dénoncer devant une assemblée de jeunes officiers gonflés à bloc le catéchisme de l'offensive, la mystique de la percée, l'illusion de la supériorité de la *furia francese* sur la puissance de l'acier. Ce sont pourtant les tables de la loi du moment. Le cours magistral de l'iconoclaste fascine son auditoire :

> Le jour où le colonel Pétain occupe la chaire, le grand amphithéâtre est comble, note à l'époque un élève. On entend voler une mouche. De nombreux généraux et officiers d'état-major s'ajoutent aux élèves pour lesquels il ne reste plus assez de place. Le colonel Pétain gagne la chaire, impassible, glacial. Il parle sans geste et sans mots inutiles. Forte personnalité. Il n'est pas fait pour être le traducteur des idées des autres. Il a ses idées personnelles. Il expose ses lois de combat : importance prépondérante du feu ; le feu rend seul possible le mouvement. Attaquer,

dit-il, c'est constituer une ligne de feu, face à l'objectif. Il s'agit de la porter de plus en plus près de l'ennemi pour se jeter finalement sur lui, mais à ce moment seulement, à la baïonnette. La notion des points d'appui [de l'infanterie], notion nouvelle, doit nous inspirer. Désormais, le temps est fini de l'artillerie qui opère isolément. Il n'est plus possible que ses objectifs soient désignés sans tenir compte de la progression de l'infanterie. Vertu de l'offensive ? D'accord. À condition de mettre en œuvre un feu assez puissant et destructeur pour lui ouvrir la voie. Le colonel Pétain s'élève contre la mystique de la percée et contre le point d'honneur qui interdit de lâcher un pouce de terrain. Son bon sens lui dit qu'il faut, au contraire, abandonner les positions dont la défense se révèle trop coûteuse. Il proteste contre le discrédit jeté sur la défensive. La défensive devient une manœuvre nécessaire lorsqu'il s'agit de ménager ses forces, d'économiser son potentiel, de gagner du temps[20].

« Le feu tue ! », souligne-t-il encore pour frapper les esprits avec son sens travaillé de la formule. C'est une évidence envoyée à la figure des dévots de l'école Grandmaison[21] qui ne jurent que par de puissants et

20. Jean-Raymond Tournoux, *Pétain et de Gaulle*, *op. cit.*

21. Du nom du colonel Louis Loyzeau de Grandmaison, chantre de l'offensive qui a marqué les esprits par ses conférences et ses écrits qui font de l'attaque une sorte d'absolu, quand Pétain

mâles assauts au petit jour blême, sabre au clair et baïonnette au canon. D'une certaine façon, c'est l'application concrète dans l'art de la guerre du poème épique du jeune Charles de Gaulle cité plus haut. L'exaltation fiévreuse du sacrifice suprême y remplace la réflexion sérieuse sur la meilleure façon de vaincre.

La défaite de 1870 ayant été le fruit de l'immobilisme et de l'enfermement dans des places fortes (Sedan, Metz, Paris), l'agressivité au combat ferait à coup sûr le lit des victoires de demain, proclame la nouvelle doxa. Une sorte de délire mystique s'est emparé des esprits boutonnés de cuivre. Qui doute de la véracité de ce dogme devient immédiatement un lâche. Le colonel Pétain est écouté, car son style, son érudition (notamment à propos des conflits contemporains) et son hétérodoxie séduisent ou amusent. Mais il n'est pas entendu pour autant. Il est bien seul dans un océan de boutefeux irresponsables qui se croient revenus au temps glorieux de Napoléon en oubliant que l'art de la guerre a subi une révolution considérable depuis la guerre de Sécession (1861-1865) et, sur-

---

ne cesse de répéter que c'est « l'artillerie qui conquiert et l'infanterie qui occupe ». Grandmaison ne craint pas d'expliquer qu'à la guerre l'« imprudence » est mère de sûreté. Les journées sanglantes de l'été 1914, avec parfois plus de vingt mille morts à déplorer quotidiennement du côté français, lui sont largement imputables.

tout, depuis celles livrées au tournant du siècle (Japon contre Russie, Afrikaners contre Britanniques en Afrique du Sud). Pour aller à l'essentiel, la technique a supplanté l'homme. Poudres surpuissantes, canons de gros calibres, armes à répétition, mitrailleuses et autres bouleversent l'art du combat et préparent le terrain des grandes hécatombes de la Grande Guerre. Pourtant, ils sont légion en France ceux qui adorent opposer au poids du réel celui de l'idée toute faite. Dans son livre *La Chair et l'Acier*[22], le colonel (er) Michel Goya cite l'un de ces rêveurs, un journaliste de *La Gazette de l'armée*. Celui-ci n'hésite pas, le 28 mars 1912, à écrire : « Nos voitures, nous n'en avons que faire ! Brûlez-les si elles vous gênent ! » Leur défaut ? Elles retarderaient la progression d'une infanterie pleine de fureur offensive. La pénurie des moyens de transport (notamment lourds) sera patente en 1914 (d'où l'idée des taxis pour transporter les soldats sur la Marne). Le chroniqueur de *La Gazette* poursuit dans son délire, tout en sachant qu'il vole au-devant de l'assentiment de ses lecteurs cocardiers :

> Jamais, et il faut nous en réjouir avec tout le pays, les sentiments d'offensive n'ont été aussi profonds, aussi

22. Michel Goya, *La Chair et l'Acier*, Paris, Tallandier, 2004.

> vivaces que depuis quelques mois. Tout le monde sent que c'est seulement par l'offensive [...] que nos armées, utilisant pleinement l'énergique vitalité de notre race et le tempérament ardent du soldat d'origine latine opposé au tempérament lourd du soldat d'origine germanique, pourra triompher dans les luttes de demain. Cette réaction salutaire, née des dangers de l'heure incertaine et d'un grand frisson de patriotisme, a su gagner tous les cœurs, tous les milieux, se faire sentir jusque dans les plus petits rouages de l'armée, secouer les règlements assoupis dans un pédantisme aveugle. Tout le monde s'est mis à l'œuvre. Nos officiers ont eu conscience qu'il fallait mettre à profit cette renaissance nationale du sentiment de l'offensive pour, courageusement, travailler à la rénovation de leurs méthodes d'instruction et des procédés de combat de leurs armes.

Tout est dit : le jour de la revanche venue sur le lourdaud teuton, la vigueur de la « race » française pèsera autrement plus lourd que la qualité de l'armement, de l'entraînement, du commandement et de la doctrine d'emploi des troupes du Reich. En pragmatique terrien, en analyste scrupuleux des conflits du début du XXe siècle, Philippe Pétain bouillonne en lisant ce tissu de sottises. Le problème est que les anciens officiers supérieurs et généraux, très actifs au

Sénat et à la Chambre des députés[23], relayent avec ardeur ce genre d'inepties et se font pour la plupart les défenseurs des thèses les plus aberrantes, comme celle du maintien à tout prix du pantalon « patriotique » [*sic*] couleur garance que portent les pioupious français. Tout cela fera d'excellentes cibles pour les Allemands camouflés dans leur tenue *Feldgrau* (vert-de-gris) au début de la guerre de 1914 et dotés généreusement de ces mitrailleuses à haute cadence de tir méprisées par les Français, qui les jugent trop statiques.

La lecture du cours d'infanterie (1911) du colonel Pétain est édifiante : c'est une dénonciation argumentée, éclairée et malheureusement prophétique des malheurs qui vont fondre sur une armée non préparée à l'épreuve du feu. Dans son texte polycopié de deux cent quarante-six pages – remis à chaque officier stagiaire –, le maître instructeur souligne, par contraste avec l'esprit faussé du temps, le bien-fondé du règlement militaire de 1875 sur les armées en campagne. On y lit notamment : « Les effets dus à l'augmentation

23. À l'exception d'Adolphe Messimy (1869-1935). Cet ancien saint-cyrien devenu député, puis sénateur, enfin ministre de la Guerre (de 1911 à 1912, puis brièvement en 1914), tentera en vain de réformer l'armée et de la préparer à un conflit moderne. Dans les enceintes parlementaires, ses pires adversaires seront ses anciens camarades officiers.

de la portée, de la justesse et de la rapidité du tir ont dépassé toutes les prévisions. À l'avenir, on ne pourra plus compter obtenir la supériorité morale qui donne le succès qu'après avoir ébranlé l'adversaire par un feu supérieur, d'où la nécessité, 1° d'augmenter l'effet utile de son feu, 2° de se soustraire autant que possible aux atteintes de l'ennemi. »

Quarante ans avant le déclenchement de la Première Guerre mondiale, la lucidité était au rendez-vous des premiers pas de la IIIe République. Las ! cette éclaircie ne devait pas durer. L'esprit de système et le goût des postures idéologiques opèrent un puissant retour en force. Pétain pointe ainsi du doigt les contradictions doctrinales françaises devant la future élite de l'armée. Il relève notamment que le règlement de 1894 a balayé la sagesse de celui de 1875 (alors que les armements n'ont cessé de se perfectionner), en poussant notamment les troupes à s'exposer. « En résumé, explique-t-il sans précaution oratoire, les principes du règlement de 1894 sont en désaccord avec l'expérience de la guerre [moderne]. Leur influence sur l'instruction de l'infanterie a été néfaste. » Et d'enfoncer le clou en abordant la doctrine de 1901-1902 : « Il apparaît nettement qu'aucune des lois du combat n'est plus respectée. L'expérience de la guerre de 1870 est tombée dans un oubli complet. Les prescriptions relatives au combat sont fondées sur des conceptions surannées. C'est à l'étude de la bataille napoléonienne entreprise il y a une vingtaine d'années qu'il faut attribuer le retour à l'emploi des formations épaisses et des masses d'attaque. » Or, « les procédés en usage sous le Premier Empire ne sont plus applicables de nos jours. Les guerres du Transvaal et de la Mandchourie[24] se sont chargées de mettre les choses au point et de réduire à néant ces théories sur l'emploi des masses ». Le colonel va plus loin. Il ne craint pas de s'appuyer sur l'exemple allemand pour inciter ses jeunes camarades à modifier leur style de commandement. À l'époque, il est assez mal vu de s'inspirer « de l'étranger », *a fortiori* de l'ennemi héréditaire. Rien de bon ne peut venir d'ailleurs que du sol national. Pétain n'en a cure. « Il est à remarquer que les généraux allemands avaient [en 1870], plus que les généraux français, le sens des réa-

24. La guerre du Transvaal (1899-1902) oppose, en Afrique du Sud, les troupes britanniques aux Boers d'origine hollandaise. Ces derniers pratiquent un combat de guérilla et de harcèlement qui met à mal l'armée anglaise, dans un premier temps. Russes et Japonais (1904-1905) s'affrontent également en utilisant les armements les plus modernes de l'époque (la Russie sera battue sur mer et sur terre). Les pertes sont lourdes, soit par mort directe, soit à cause des très graves blessures provoquées par les balles de mitrailleuses et les obus d'artillerie.

lités, qu'ils s'immisçaient moins que ces derniers dans le détail de la conduite des bataillons, des compagnies, et que l'initiative audacieuse des chefs de petites unités suppléa, souvent, à l'insuffisance du Commandement supérieur. » Au passage, il tente ainsi d'insuffler aux jeunes officiers français l'idée très moderne pour l'époque que le chef ne doit pas s'occuper de tout, qu'il doit penser en *stratège* et non en *petit caporal* mettant son nez à tous les étages de son unité[25]. La force allemande réside, notamment, dans un encadrement de sous-officiers très bien formés que les officiers ne cherchent pas à *shunter*. « Le progrès des armes impose au chef l'obligation de prendre ses dispositions loin de l'ennemi ; de tenir compte de la configuration du sol, de prévoir longtemps à l'avance le rôle des diverses unités. Des ordres trop précis risqueraient de devenir caducs au moment de l'exécution. Il convient

---

25. Sur ce point, voir Pierre Servent, *Le Complexe de l'autruche*, Paris, Perrin, 2011. Depuis leurs défaites cinglantes face aux armées de Napoléon Ier, les Prussiens ont adopté dans leur mode de commandement le principe de subsidiarité : chaque niveau de commandement doit opérer à son niveau et ne pas empiéter sur l'autre. Cela ne peut fonctionner que si le chef a clairement défini le but ultime de la mission (l'effet final recherché). La combinaison des deux (la clarté dans la définition de la mission et la décentralisation du commandement) fait cruellement défaut du côté français.

donc d'apporter des modifications dans la manière de donner des ordres et de les faire parvenir aux troupes. L'ordre simple d'exécution n'est plus approprié aux conditions nouvelles du combat ; il doit se transformer en une mission plus large, capable d'embrasser la plupart des circonstances qui peuvent surgir avant et pendant l'exécution. » On trouve ici une conception très moderne pour l'époque dans l'art du commandement. Le chef doit définir clairement la mission (effet majeur à réaliser, état final recherché), mais laisser aux échelons sa réalisation pratique en tenant compte de la réalité du terrain et de l'évolution du tempo de la bataille. Cette approche est à l'époque très « allemande » et bien peu française.

Pétain est décidément un iconoclaste impénitent. Ce que l'on appelle aujourd'hui le « politiquement correct » le laisse de marbre. Son cours est un brûlot. L'homme est incontestablement un visionnaire froid, comme le sera de Gaulle plus tard à propos des chars. Il ne prend pas de gants, démontrant en chaire l'inanité de directives que le généralissime Joffre ne fera qu'aggraver en 1912-1913. Pour le futur maréchal, ces dernières font du soldat la variable d'ajustement des fantasmes d'un haut état-major pétri de certitudes hors-sol. Ce n'est pas par sensiblerie qu'il se refuse à voir les soldats français se faire décimer dans une guerre mal préparée et mal commandée, mais parce que, en homme de la terre[26] – rappelons qu'il est le fils d'un paysan picard –, l'idée du gaspillage stupide des ressources, surtout humaines, le hérisse. Faut-il préciser qu'il ne restera pas longtemps à l'École supérieure de guerre comme professeur ? Il avait déjà été écarté, dans le passé, d'une chaire pour avoir enseigné sa propre vision en lieu et place de la doctrine officielle[27]. Son puissant orgueil a très mal vécu ces évictions alors qu'il *sait* être dans le juste. En tout cas, ces rebuffades le marquent profondément et expliquent, plus tard, son insatiable besoin de réparations.

Pour l'heure, à Arras, le jeune de Gaulle n'a donc qu'un héros : le colonel Pétain[28]. Bien qu'il baigne, comme tous ses camarades, dans le culte de l'offensive, il est frappé par la science militaire de son chef, par la

---

26. « La terre, elle, ne ment pas », dira-t-il plus tard dans une formule célèbre.

27. Elle enseignait qu'il n'était pas utile d'entraîner le soldat au tir, puisqu'il ne devait pas rester en position statique mais foncer. Pétain affirmait exactement le contraire, faisant valoir l'importance de la précision au tir de soldats aptes à se camoufler face à la puissance du feu adverse.

28. La légende veut que les deux hommes aient partagé à l'époque la même maîtresse. Ils s'en seraient rendu compte en se retrouvant dans le même train et en cheminant ensuite vers le même lieu de rendez-vous...

solidité et la clarté de ses analyses, par sa supériorité intellectuelle et par la force de caractère qui le pousse à défendre des thèses opposées à celles de la hiérarchie. Plus ou moins confusément, il perçoit que son mentor pense clair et dit juste. Lui qui fera plus tard des conférences brillantes sur le thème « Du caractère » a là, sous ses yeux, le modèle vivant du chef qui conjugue pensée libre et fermeté de tempérament. Pétain est alors indiscutablement son type d'homme et d'officier. À trente-quatre ans de distance, l'un serait-il le décalque en devenir de l'autre, qui n'a pu encore exprimer son potentiel ? Le plus jeune le pressent, notamment lors d'échanges informels en dehors des heures de service.

Peu après son arrivée au régiment, le lieutenant de Gaulle déjeune pour la première fois à la table de son chef de corps. C'est une tradition bien ancrée dans les armées. Cela permet d'introduire un peu de convivialité dans les relations chefs-subordonnés et aux premiers de jauger les capacités des seconds et de poursuivre leurs évaluations. La tenue à table, le maintien, le savoir-vivre en société, la qualité de la conversation, la culture générale sont des facteurs qui entrent dans ce que l'on nomme « la note de gueule[29] ». La *bonne*

29. Cette note laissée à la discrétion du « patron » évalue le comportement général de l'officier et son style de commandement.

éducation est un facteur discriminant. Tous les jeunes officiers reçoivent d'ailleurs dans leur dotation de départ un manuel de savoir-vivre[30]. Charles de Gaulle passe haut la main ce type de tests. Il impressionne son supérieur par l'étendue de sa culture, ses manières impeccables et sa mémoire (notamment historique) prodigieuse. Pétain n'est pas un mauvais causeur. Sa culture, reflet de celle de son temps, n'est pas que militaire. Avec ses jeunes lieutenants, il peut soutenir à table sans difficulté une discussion sur Bergson ou Goethe (de Gaulle aime les deux), par exemple. Mais très vite, il relève la puissance et la supériorité de la machine intellectuelle de son jeune interlocuteur et sa très large érudition. Il note également avec satisfaction qu'il n'a pas l'esprit de système (bien que cela lui soit reproché plus tard à l'École de guerre).

Tout cela ne serait pas suffisant pour permettre au jeune lieutenant d'être « bien noté » par son sévère

---

Elle permet parfois de faire remonter dans le classement un bon officier qui s'est fourvoyé dans une épreuve et qui a reçu une mauvaise note.

30. Ce manuel précise la façon de se présenter en milieux militaire et civil. Il décrit la manière dont les différentes tenues doivent être portées dans une enceinte militaire et en société. Il y est notamment précisé comment rédiger une lettre à une autorité militaire ou civile (lettre de remerciement après réception), etc.

colonel. Il faut que le reste suive. Et ce reste n'est pas rien, puisqu'il s'agit de l'aptitude au commandement dans un régiment d'infanterie. Or, il se trouve que de Gaulle manifeste une aptitude étonnante en la matière. Il a solidement pris en main sa section de fantassins. Conformément à la méthode Pétain, il connaît le nom de chacun de ses conscrits. Il n'ignore pas leurs problèmes personnels, mais il sait garder ses distances… ce qui n'est pas vraiment difficile, car nul ne s'imagine lui tapant dans le dos ou sur l'épaule. Trop haut ! Il ne néglige pas de faire à sa troupe de petites conférences patriotiques à sa manière que Pétain trouve bien troussées et de bon aloi. Il existe la trace de l'une de ses petites causeries qui signent le style encore en devenir de l'homme :

> Vous voilà arrivés au régiment. Vous n'êtes plus maintenant des hommes ordinaires : vous êtes devenus des soldats. […] Vous êtes-vous déjà demandé pourquoi ? La France est une nation. Mais est-elle la seule nation dans le monde ? Non ! Il y a d'autres nations […] qui ne demanderaient pas mieux que de nous conquérir […] pour nous empêcher de parler français, nous enlever nos libertés. Alors […] la France s'est donné une armée, elle a décidé que ses enfants viendraient la servir chacun à son tour, et vous voilà ! Voilà quarante-deux ans que la

> France est en paix [...] et si les étrangers voulaient lui déclarer la guerre, ils trouveraient à qui parler, je vous en réponds. Nos terres, nos maisons, nos enfants resteront à nous désormais[31].

Ce n'est certes pas du Proust, mais le ton est efficace et surtout parfaitement adapté à l'auditoire.

Dans la notation du jeune officier, le chef de corps, d'ordinaire avare de dithyrambes, le gratifie d'un « digne de tous les éloges ». Pétain souligne encore : « Très intelligent, aime son métier avec passion. [...] S'affirme dès le début comme un officier de réelle valeur qui donne les plus belles espérances pour l'avenir. Se donne de tout cœur à ses fonctions d'instructeur. A fait une brillante conférence sur les causes du conflit dans la péninsule des Balkans[32]. » En regard, pour le lieutenant de Gaulle, son colonel cumule toutes les vertus, dont la moindre n'est pas d'avoir su déceler en lui ses talents naissants... Ce qu'il dira de lui plus tard (avant leur rupture) se forge déjà là, dans ces dernières années de l'avant-guerre : « [C'est] un maître dont on sait qu'il a dédaigné la fortune des serviteurs. Puissance de l'esprit critique sauvegardé des faveurs

31. Jean Lacouture, *op. cit.*
32. Notations de l'année 1913, *ibid.*

banales. […] Prestige du secret ménagé par la froideur voulue, l'ironie vigilante et jusque par l'orgueil dont s'enveloppe cette solitude[33]. »

En ce début 1914, leurs chemins vont se séparer momentanément. Le colonel Pétain est appelé à commander une brigade[34]. Qui dit « brigade » dit normalement « général de brigade ». Il bénéficie de certains appuis qui plaident pour que son grade soit en harmonie avec sa fonction. Las ! les bureaux du ministère font une nouvelle fois obstacle. Pas d'étoiles pour l'iconoclaste, et qu'il soit déjà heureux de finir en beauté avec un beau commandement tout en restant scotché au grade de colonel[35]. Que le lecteur s'arrête deux secondes sur ce point pour imaginer la frustration de cet officier supérieur qui tire ici sa dernière

---

33. *Ibid.*

34. Une brigade comprend plusieurs régiments. Un général de brigade (deux étoiles) commande plusieurs régiments ; un général de division (trois étoiles) commande plusieurs brigades ; un général de corps d'armée (quatre étoiles) commande plusieurs divisions ; un général d'armée (cinq étoiles) commande plusieurs corps d'armée. Maréchal (sept étoiles) n'est pas un grade mais une dignité. La matérialité des quatre et cinq étoiles en argent sur les manches n'apparaîtra qu'après la Première Guerre mondiale. Auparavant, les plumes blanches du bicorne ou une soutache argentée sur le képi brodé signalaient ce commandement supérieur.

35. Ce cas de figure est rare, mais pas exceptionnel.

cartouche professionnelle et à qui l'on refuse deux étoiles d'officier général pourtant conformes à la responsabilité et au commandement qu'il exerce. Cinq années plus tard, ce même homme est élevé à la dignité de maréchal de France avec non pas deux, mais sept étoiles d'argent sur les manches. Vertigineux !

Acte 2
La protection

« Un père dans son fils se survit à lui-même. »

Proverbe indien

Philippe et Charles partagent un autre trait de caractère : la franchise. Aucun des deux ne sait travestir sa pensée face à l'autorité. Ils sont proprement incapables de brider leur langue pour ménager leur carrière. Ils ne savent pas composer, plier pour mieux se détendre ensuite. Ils sont d'une seule pièce. Leur nuque est d'autant plus raide qu'ils sont timides, on l'a dit[1]. Cette timidité

1. Rarissimes sont les confidences personnelles de De Gaulle sur sa psychologie. Pourtant, lors de sa captivité en Allemagne durant la Première Guerre mondiale, il confie à l'un de ses compagnons d'infortune qu'il est « timide ». Celui-ci n'en revient pas, tant son camarade dégage la sûreté de soi et l'autorité, notamment dans ses conférences. On peut penser que c'est le climat

est vécue comme une faiblesse. Il faut donc être encore plus fort, intransigeant, intraitable. Mais l'humour leur sert aussi de bouclier et de soupape… Ils ne détestent pas à l'occasion la provocation, l'acidité de l'analyse ou de la repartie cinglante qui corrigent, pensent-ils, la bêtise, l'incompétence et le conformisme ambiants.

Encore moins qu'un autre corps de l'État, l'armée ne goûte guère ce genre d'état d'esprit ouvertement rebelle ou contestataire. Des esprits brillants et iconoclastes comme Gallieni, et plus tard Lyautey (formé à l'école du premier), l'ont compris très vite et sont allés exercer leurs talents outre-mer (en l'occurrence Madagascar et le Tonkin), bien loin des bureaux parisiens du ministère qui font la pluie et le beau temps sur l'avancement. Pour ces messieurs, la compétence ne peut ruisseler que du haut en bas de l'échelle des grades. L'intelligence et la science guerrière ne sont-elles pas proportionnelles au nombre d'étoiles portées sur les manches ? Pétain et de Gaulle ne l'ont jamais entendu ainsi. Aussi leur carrière était-elle plombée d'avance[2]. Dans les deux cas,

---

particulier de la détention qui l'a conduit à cette confidence (voir Jean Lacouture, *op. cit.*).

2. L'historien anglais Julian Jackson (*op. cit.*) nuance ce point en faisant valoir que, par rapport à un Juin ou un de Lattre de Tassigny, tous les deux de la même génération, de Gaulle n'a pas souffert d'un véritable retard promotionnel. Les trois hommes

seule une guerre mondiale les tire de l'ornière : Pétain n'aurait rien été sans la première, de Gaulle doit tout à la seconde. Ici encore, le mimétisme entre ces deux personnages est fascinant. Ce sont des circonstances extraordinaires qui forcent leur destin au départ mal embarqué. Il y a toutefois une différence de comportement entre les deux hommes qu'il faut souligner : Pétain se refuse à manœuvrer pour avancer dans ses grades ou pour forcer l'institution à lui confier des commandements à sa hauteur ; de Gaulle, lui, n'a pas ces pudeurs. Il ne reculera jamais devant aucune intervention, pression, manœuvre d'influence et sommation pour pouvoir arriver là où il pense mériter de parvenir.

Pour revenir sur l'impertinence des deux hommes, quelques anecdotes permettent de la mesurer. En 1906, lors de l'affaire des fiches[3], Philippe Pétain est interrogé par le ministère de la Guerre pour savoir quels sont les

---

passent colonel et général à peu près au même moment. Toutefois, il faut souligner que sans l'appui direct et insistant d'un Philippe Pétain, puis d'un Paul Reynaud, il est peu probable que Charles de Gaulle aurait suivi la même trajectoire.

3. Le ministère Combes (1902-1905) s'appuie sur les réseaux francs-maçons pour repérer et promouvoir les officiers républicains au détriment des autres. La révélation de cette « affaire » fera chuter le général André, ministre de la Guerre, qui fiche les officiers pour trier le « bon » et le « mauvais » grain.

officiers autour de lui qui vont à la messe, sont abonnés au quotidien catholique des bons pères, *La Croix*, ou qui exprimeraient un zèle républicain insuffisant. Pétain n'a jamais manifesté une grande propension à la piété. Il est plus connu pour sa fréquentation des lieux fins et des alcôves que des offices religieux et des sacristies. Néanmoins, il répond que, se tenant à l'église au premier rang et n'ayant pas l'habitude de se retourner durant l'office, ce qui ne serait pas convenable, il se trouve dans l'incapacité de savoir qui est derrière lui. Une autre fois, lors de grandes manœuvres, il ne craint pas de prendre devant tout le monde le contre-pied du général responsable de l'exercice en expliquant qu'il s'est ouvertement inspiré des principes… que son supérieur venait expressément de condamner en ouverture du débriefing.

Le jeune de Gaulle n'a guère plus de souplesse naturelle et il se montrera par la suite le vrai fils spirituel de Pétain en prenant de front ses chefs au risque de briser sa carrière. Un exemple parmi d'autres : à l'issue d'une manœuvre après guerre – qu'il a commandée en tant que fictif « général de corps d'armée[4] » –, le capitaine de Gaulle explique avec brio pourquoi

4. Un général de corps d'armée porte quatre étoiles sur les manches et le képi : il commande à plusieurs divisions. Il s'agit d'un commandement important de plus de trente mille hommes.

et comment il a conçu son offensive de grand style. Exaspéré par son ton dominateur et sa superbe, le colonel directeur de l'exercice cherche à rabattre son caquet. Après l'avoir bombardé de multiples questions oiseuses pour le déstabiliser – auxquelles il répond avec précision et une totale impassibilité –, le colonel à bout de nerfs lui demande : « Où sont donc les trains de combat du régiment de gauche de votre division de droite ? » Impérieux, le fictif « général » de Gaulle se tourne alors vers son camarade Châteauvieux, qui est son « chef d'état-major » d'un jour, pour lui demander de répondre. Le colonel s'étrangle : « Mais c'est à vous, de Gaulle, que je pose la question ! » Imperturbable, le Connétable réplique en lui donnant au passage une insolente et dangereuse leçon de commandement : « Mon colonel, vous m'avez confié la responsabilité d'un commandement de corps d'armée. S'il me fallait assumer par surcroît celles de mes subordonnés, je n'aurais plus l'esprit assez libre pour remplir convenablement ma mission. *De minimis non curat praetor*[5]. Châteauvieux, veuillez répondre au colonel… » Furieux, ce dernier lâche sèchement au visage de l'impudent : « C'est bien ! Nous savions que

5. « Le magistrat gouverneur [le chef] ne s'occupe pas des questions subalternes. »

vous considériez que bien des tâches sont au-dessous de vous... Je suis maintenant fixé ! »

Son ancien chef de corps d'Arras aurait jubilé en voyant son protégé marcher ainsi aussi gaillardement sur ses brisées. Nous sommes en 1924, et la carrière de De Gaulle s'annonce encore moins brillante que celle du Pétain d'avant guerre. Si la Grande Guerre a révélé ce dernier, elle a encalminé le plus jeune. Nous l'avons dit, elle a permis à Pétain de passer en cinq ans du grade de colonel d'infanterie (cinq galons) à la dignité de maréchal de France (sept étoiles). C'est d'ailleurs le seul des maréchaux de la Grande Guerre à avoir commencé la guerre sans être officier général. Bien mieux, au sortir du terrible conflit[6], il est devenu une icône vivante, le sauveur de Verdun (1916) et l'artisan du redressement moral de l'armée (1917). Aux yeux de millions de Français et du monde des anciens combattants, l'ancien généralissime des forces françaises incarne, plus que les autres héros étoilés de 1914-1918, la parfaite quintessence du poilu. Les citoyens-soldats de la Grande Guerre savent que pendant le conflit il s'est constamment soucié d'eux. Il n'a pas hésité à casser de leur grade des officiers

6. Il se solde tristement par 1,4 million de morts chez les Français, et plus de 18 millions de tués pour l'ensemble des nations engagées.

qui ne s'intéressaient pas à leurs conditions de vie[7]. Il s'est opposé bec et ongles aux grandes offensives meurtrières[8]. Bref, il est l'un des leurs. Et pour la classe politique, c'est un général républicain qui ne lorgne ni du côté du bénitier ni de celui des pronunciamientos. Ses yeux sont désormais d'un bleu… horizon. Ils ne mentent pas… Pétain croule sous les honneurs. Il est bardé de décorations françaises et étrangères : grand-croix de la Légion d'honneur, médaille militaire, croix de guerre avec citations, ordre du Bain, grand-croix de Léopold, Aigle blanc de Serbie… Il va cumuler rapidement titres et fonctions : vice-président du Conseil supérieur de la guerre, conseiller du ministre pour la préparation des troupes, inspecteur général de l'armée, ministre, académicien (il n'a pourtant jamais écrit une ligne, exception faite du manuel de son cours de 1911), ambassadeur, conservateur du château de Chantilly.

Devant tant de gloire et d'encens, il serait légitime de penser que l'ancien colonel blacklisté ait définitivement

---

7. Un capitaine a, par exemple, été cassé de son grade pour n'avoir pas su indiquer au général Pétain où se trouvait la cuisine roulante de sa compagnie.

8. Il est néanmoins favorable en novembre 1918 à une dernière grande offensive qui permettrait d'envahir pour la première fois le sol allemand. Devant Foch, lui, le « sec », pleurera de rage de voir celui-ci saisir immédiatement la perche de l'armistice.

pansé ses blessures d'amour-propre d'avant guerre. Il n'en est rien ! En son for intérieur, l'homme en sent encore la morsure. Son orgueil n'en a pas fini avec les réparations que le *système* lui doit. Couvert de gloire, salué à droite comme à gauche, bientôt débarrassé des autres maréchaux[9], Philippe Pétain éprouve toujours un étonnant sentiment de précarité[10]. Certes, on vient régulièrement le chercher en catastrophe pour rattraper les erreurs des autres. Mais la besogne une fois remplie, on le met de côté. On ne le trouve pas assez mordant. Il a sauvé Verdun du désastre en février-mars 1916, mais il a été très vite écarté ensuite avec une promotion pour panser son orgueil – « J'ai été relevé de mon commandement », dit-il avec amertume à l'époque. Il a dû laisser la place au bouillant polytechnicien Nivelle qui s'est trouvé ensuite promu au poste de généralissime. Las ! l'année suivante, on vient de nouveau le quérir pour sauver

9. Ferdinand Foch décède en 1929, Joseph Joffre en 1931, Hubert Lyautey en 1934. Seul Louis Franchet d'Espèrey le talonne en mourant en 1942, soit neuf ans avant lui.

10. Quand il est envoyé au Maroc, il explique à son ami Painlevé qu'il prend le risque de perdre toute sa gloire dans cette aventure sans intérêt réel pour lui. À l'occasion, il parle de lui à la troisième personne, une dérive toujours fâcheuse chez un personnage public : « Si le vainqueur de Verdun est vainqueur d'Abdelkrim, la chose est de peu d'importance. S'il est vaincu, c'est un effondrement... » On notera que de Gaulle en fera exactement de même.

l'armée des mutineries consécutives aux choix tactiques de Nivelle[11]. Il y parvient de main de maître, réprimant avec modération tout en développant intelligemment des mesures matérielles et psychologiques très modernes. On dirait aujourd'hui qu'il est l'inventeur d'une politique de « ressources humaines militaires » très novatrices : consolidation des permissions (plus longues et

11. Général d'armée Robert Nivelle (1856-1924) : cet artilleur, issu de l'École polytechnique, prend le commandement des armées françaises fin 1916 (il remplace un Joseph Joffre écarté avec une promotion à la dignité de maréchal de France). Il est ainsi récompensé pour avoir, avec le général Mangin, repris à l'ennemi le terrain perdu à Verdun. Résolument offensif, anglophone, diplomate dans ses relations avec les Anglais, il décide de lancer, en avril 1917, de puissantes attaques sur le front de l'Aisne (offensives dites du Chemin des Dames). Le secret ayant été éventé (il est reproché à Nivelle d'avoir trop parlé), les Allemands attendent les Français et les Anglais de pied ferme. C'est une épouvantable hécatombe : les pertes alliées s'élèvent à trois cent cinquante mille hommes tués et blessés. Il y a eu bien d'autres opérations meurtrières (parfois plus dévoreuses d'hommes) depuis 1914, mais celle-ci est celle de trop. L'armée française craque et de nombreuses mutineries se déclenchent pour protester contre ces offensives mal préparées qui tournent à la boucherie. Heureusement pour les Français, les Allemands n'ont pas identifié ce mouvement inconcevable pour eux à cet étiage. Le 15 mai 1917, le général Pétain est nommé à la place de Nivelle. Il stoppe toutes les grandes offensives, met en place une politique inédite de soutien aux poilus et attend selon sa célèbre formule les chars et les Américains (ils n'arriveront véritablement sur le terrain qu'en 1918).

plus régulières), cantine améliorée, protection du pécule des soldats grâce à un livret spécial d'épargne, formation des jeunes cadres au commandement de poilus bien plus aguerris qu'eux, accueil des permissionnaires dans les gares de retour et surtout report ou annulation pure et simple des offensives mal préparées. En 1917, il met en œuvre ce qu'il professait déjà à l'École de guerre en 1911. Tout y était écrit. Son action donne des résultats patents, conservant les chances de la France alors que la Russie tsariste s'effondre sous les coups des défaites et de la révolution bolchevique (octobre 1917).

Le nouveau patron des armées a le sens du détail. Pour redonner de la fierté au combattant, il obtient du gouvernement la création de la fourragère (tresse torsadée qui se porte sur l'épaule gauche) aux couleurs de la médaille militaire et de la Légion d'honneur. Chaque soldat des unités dont le drapeau a été décoré[12] peut la porter, même s'il n'a pas brillé particulièrement à titre individuel. Pétain paie également de sa personne et va au contact dans les tranchées. Il est certes réfrigérant, mais il est là. Il goûte la soupe, distribue des cigarettes ou du tabac. Les autres généraux (notamment Joffre) le faisaient également, mais lui prend le temps de poser des

12. Le régiment doit avoir obtenu six citations à l'ordre de l'armée pour la « rouge » et quatre pour la médaille militaire.

questions précises sur la vie quotidienne dans les tranchées et, surtout, il écoute. Il interroge également l'encadrement et malheur à celui qui lui donne l'impression de ne pas parfaitement maîtriser son sujet. Cela se sait, cela se dit. La légende Pétain se forge dès cette époque[13].

S'il a succédé à Nivelle – enfin ! – à la tête des armées françaises en 1917, c'est pourtant le général Ferdinand Foch, et non lui, qui a été choisi plus tard comme commandant en chef des armées alliées. Il sait qu'on lui reproche son pessimisme (il n'a cessé de demander à Joffre des renforts quand il commandait à Verdun, provoquant l'exaspération du grand quartier général), voire une certaine tendance au « défaitisme » parce qu'il n'a jamais cru aux offensives conduites sur des principes idéologiques. Ferdinand Foch l'exaspère avec son impétuosité méridionale et le caractère souvent abscons de ses propos[14]. Pétain n'a pas fait Polytechnique comme Joffre, Foch ou Nivelle. C'est un paysan, un soldat de la terre, de celle qui colle aux sabots. Il y a là comme un petit parfum de « lutte des classes » militaire...

---

13. Pierre Servent, *Le Mythe Pétain*, Paris, Payot, 1992 ; rééd. Paris, CNRS Éditions, 2014.

14. Le général Weygand se fait souvent le « traducteur » des ordres de Foch, fréquemment brouillons ou incompréhensibles pour le commun des mortels. D'où son ascension fulgurante dans le sillage du futur maréchal.

L'homme ne croit pas aux équations, aux envolées lyriques, à la métaphysique de la guerre, à l'exaltation facile, aux plans sur la comète, aux enthousiasmes débridés d'un jour. Il le dira d'ailleurs pratiquement en ces termes à sa maîtresse, Eugénie[15], celle-ci se plaignant de son manque d'empressement public à son endroit. Il est foncièrement un homme de l'équilibre, de l'attente, de la circonspection et du doute. « Je ne prends jamais plus d'élan qu'il n'en faut pour passer les obstacles, et je les passe, écrit-il à une amie dans une lettre datée du 25 février 1919[16]. Je fuis les exagérations, les exaltations qui font qu'on retombe de plus haut en accusant plus fortement les aveux d'impuissance. C'est pour avoir fait des calculs précis, pour n'avoir rien entrepris au-dessus des moyens dont je disposais, pour avoir apprécié les forces opposées avec un froid calcul que j'ai obtenu quelques succès ces dernières années. Cette précision n'exclut pas d'ailleurs l'audace et encore moins la ténacité puisque toute conviction y conduit d'une façon

---

15. Eugénie Hardon (1877-1962) est alors l'épouse divorcée du médecin François Dehérain. Elle épouse civilement le Maréchal en 1920, ce qui est mal vu par ses amis. Son rang et ses conquêtes nombreuses auraient pu lui offrir un mariage plus prestigieux, estiment-ils. Le mariage religieux sera finalement rendu possible en 1941, l'Église ayant opportunément cassé celui de l'ex-Mme Dehérain.

16. Bénédicte Vergez-Chaignon, *Pétain*, *op. cit.*

sûre, mais par ce moyen on se garde de la témérité. Je me connais assez bien pour savoir ce que je vaux et ce qui me manque. Ce qui est un défaut dans la vie habituelle est souvent qualité professionnelle. Dans la vie, on ne peut pas se contenter du rêve éternel. Il faut être apte à la réalisation, sinon on n'aboutit à rien[17]. »

Lors du grand défilé de la Victoire, le 14 juillet 1919, l'homme de la mesure a été placé derrière les maréchaux Joffre et Foch, ces deux hommes qui portent une grosse responsabilité dans les hécatombes des premiers mois de la guerre. Joffre incarne les théories offensives qu'il n'a cessé de combattre, quant à Foch, il se moque cruellement en privé de la « mollesse » de Pétain, estimant qu'on l'a conduit à la victoire « à coups de pied dans le c…[18] ». Pétain le sait et il a la mémoire longue. Mais lors de cette grande parade militaire, bâton de maréchal en main, sur son cheval blanc, il a secrètement une immense satisfaction : c'est lui qui défile en tête des poilus, de *ses* poilus. Les panneaux qui scandent les films muets de l'époque le présentent d'ailleurs sous cette étiquette : « Le général des poilus. »

---

17. Alfred Conquet, *Auprès du maréchal Pétain*, Paris, Éditions France-Empire, 1970.

18. Le général Weygand est témoin de ce propos cruel de son patron quand, le 8 décembre 1918, Poincaré remet à Pétain son bâton de maréchal.

Au début des années 1920, il tient sa revanche lorsqu'il se retrouve en vrai patron de l'armée en tant que vice-président du Conseil de la guerre. Au faîte de sa puissance, il n'oublie pas son jeune ami de Gaulle. Ils s'étaient perdus de vue au début du conflit, Pétain ayant été aspiré vers le haut[19]. À chaque promotion de son ancien mentor, le capitaine de Gaulle, commandant de compagnie du 33e RI, s'extasie devant ses camarades : « Mon colonel brûle toutes les étapes. Ce n'est que justice. [...] Lui au moins n'a pas préparé la guerre précédente. » En retour, Pétain le suit des yeux et du cœur. En 1916, quand on apprend la nouvelle de la disparition du brillant officier sur le front de Verdun, il ne laisse à personne d'autre le soin de rédiger sa citation à l'ordre de l'armée[20] : « Le capitaine de Gaulle, commandant de compagnie, réputé pour sa haute valeur

19. Il est fait général de brigade à la fin du mois d'août 1914, profitant, notamment, du grand mouvement de limogeage par Joffre de généraux ayant démérité. Il se signale, dès 1915, par des décisions audacieuses qui normalement valent à leurs auteurs... le conseil de guerre : il pratique notamment la réduction de front, c'est-à-dire qu'il cède du terrain à l'ennemi pour éviter les saillants inutiles et asseoir une position plus solide et plus resserrée. C'était l'une de ses thèses développées dans son cours de 1911.

20. Le père de Charles de Gaulle se rend à Arras pour savoir si l'on a des nouvelles précises de son fils. Il rentre à Paris convaincu de sa mort au combat.

intellectuelle et morale, alors que son bataillon, subissant un effroyable bombardement, était décimé[21] et que les Allemands atteignaient la compagnie de tous côtés, a enlevé ses hommes dans un assaut furieux et un corps à corps farouche, seule solution qu'il jugeait compatible avec son sentiment de l'honneur militaire. Est tombé dans la mêlée. Officier hors de pair à tous égards. »

Après guerre, devenu un personnage puissant, Pétain se préoccupe de son jeune ami d'Arras. Ce dernier est venu le voir dès son retour de captivité[22]. On imagine l'émotion et la joie pour de Gaulle de voir son « colonel » dans sa tenue bleu horizon de maréchal de France. Quel choc ! L'affection de Pétain pour le jeune capitaine est tout aussi sincère, même si elle a quelque chose de narcissique. On ne retrouve aucune trace d'une telle attention de sa part pour un autre officier. Plus tard, il aura certes besoin de lui, de sa plume, de la puissance de sa pensée, mais il y a dans l'entourage du Maréchal d'autres officiers brevetés brillants et sachant écrire, comme Émile

21. Sur plus de deux mille hommes du 33e régiment d'infanterie, seulement une soixantaine de poilus n'ont pas été mis hors de combat.

22. Le capitaine de Gaulle a passé trente-deux mois en captivité et connu six camps de détention. De cette expérience matricielle, il dira plus tard à sa nièce Geneviève de Gaulle (déportée à Ravensbrück) qu'elle avait « laminé [son] âme » (Julian Jackson, *op. cit.*).

Laure ou Alfred Conquet, par exemple. Mais de Gaulle a quelque chose de plus à ses yeux. C'est un autre lui-même, mais en plus brillant. Il ne se l'avoue pas, bien sûr. Son immense orgueil ne le supporterait pas. Mais cet homme sans descendance a élu un fils, le plus talentueux d'entre tous ceux qui se pressent désormais autour du père-Maréchal. Par destination et par procuration, il va faire de lui l'instrument de sa vengeance contre l'institution militaire. Il va l'imposer aux forceps et lui permettre de pénétrer dans sa forteresse intérieure en lui révélant, et à lui seul, certaines de ses ficelles de grand comédien. Pétain s'avère, en effet, un personnage complexe qui éprouve un malin plaisir à tromper son monde. Sous ses allures de grand-père vert et vénérable se cache un esprit un peu canaille, manipulateur et assez farceur. Il aime mettre les autres dans l'embarras et surgir là où on ne l'attend pas. Un personnage narcissique sommeille sous l'allure réfrigérante du preux et modeste chef gaulois. Une anecdote, parmi d'autres, l'illustre. Durant la guerre, lors d'un changement de gare, et alors que le temps est frisquet, il aperçoit un point de distribution de café servi par les bonnes dames de la Croix-Rouge. Il se met dans la file des poilus sans rien dire. Comme à son habitude, il porte un manteau sans aucun insigne de grade. Arrivé devant l'infirmière qui sert le café, il se fait rembarrer et éjecter de la file… car il n'a pas son quart : « Va le chercher ! » Pétain obtempère sans murmurer, ravi de la tournure des événements. L'intervention de son entourage permet évidemment que le général soit finalement servi par la brave femme aussi rouge de confusion que la croix qu'elle porte sur sa blouse. Pétain refera plusieurs fois ce genre de blagues (surtout auprès des femmes). Comme dans les contes de fées, le prince n'est pas reconnu tout de suite, et il ne dévoile qu'à la fin sa véritable identité, à la stupéfaction générale. Le vieux soldat est un cabot qui aime les effets de scène… Pour qui a connu les rebuffades, il est extrêmement jouissif de créer ainsi la surprise, de faire briller ses étoiles en les sortant de son chapeau, ou plutôt de son képi, comme un habile prestidigitateur. « Pour qui l'observe de très près, c'est un acteur, artiste d'instinct, qui prend les traits d'un père tranquille aux étoiles », souligne Jean-Raymond Tournoux qui rapporte cette petite histoire. « Il se gobe ! », moque Fayolle, qui finira maréchal comme lui. « Il aime faire le glorieux ! », confie encore à Tournoux l'un de ses anciens officiers qui a observé plus d'une fois son manège[23].

Aux yeux du public et de nombre de ses pairs, le maréchal Pétain est la quintessence de la modestie et de la simplicité paysannes. Il déteste la publicité, écrit-on. Déjà à Verdun, quand il ressent les premiers délices de

---

23. Jean-Raymond Tournoux, *Pétain et de Gaulle*, *op. cit.*

la notoriété, on peut lire des articles de presse dithyrambiques sur ce grand chef qui émerge de la mêlée et protège la porte de la France des hordes barbares. Ils commencent souvent par le récit très arrangé de la façon dont le journaliste s'est fait rembarrer par le « grand homme » en arrivant. « Que faites-vous là ? Qui vous a autorisé à pénétrer dans mon bureau, monsieur ? Sortez !... », s'indigne le général Pétain comme s'il découvrait l'homme de plume caché sous sa table[24]. L'effet dans l'opinion est garanti : « Pétain le modeste » ne veut pas être mis en lumière. Il ne cherche pas la réclame, il la subit. Côté privé, c'est un acteur habile, plutôt vaniteux, qui adore que l'on parle de lui, même s'il feint de s'en défendre. Il laissera à Vichy se déployer un culte de la personnalité de la plus belle facture, toujours en faisant mine de n'être pour rien dans ces gamineries... En fait, il sait parfaitement se mettre en scène pour venger inlassablement un ego bardé de cicatrices qui continuent secrètement de suppurer. Comme tous les comédiens, il veille à ne pas dévoiler ses secrets, sa petite cuisine, ses ficelles. Il doit rester le maître du spectacle dont il est à la fois l'acteur et le premier spectateur. Dans le métier de la magie, seuls les « fils » qui vont reprendre le flambeau ont le droit de connaître

24. Pierre Servent, *Le Mythe Pétain...*, *op. cit.*

le dessous des cartes, les mille et un tours du maître. Pétain va donc initier son poulain Charles de Gaulle, lui dévoiler la face cachée de son magistère. Quand on est passé maître dans cet art, il est assez délicieux qu'un « élu » soigneusement choisi puisse partager la jouissance subtile de ce que l'on cache aux autres. L'apprenti saura en tirer le meilleur profit quand il deviendra, à son tour, un homme de pouvoir.

En 1927, insigne honneur, le maréchal Pétain propose au chef de bataillon de Gaulle[25] – alors en poste à Trèves (Allemagne) – de l'accompagner à Verdun pour les célébrations de la bataille qui fit sa renommée[26]. On l'aura compris, le choix du lieu n'est pas anodin. Le jour même, avant le début de la grande cérémonie, il déjeune en tête à tête sur place avec son disciple. Dans les traditionnels petits jeux de cour qui se déroulent dans les milieux politiques ou militaires,

25. Il a été promu le 25 septembre 1927.

26. Il existe une photographie célèbre de cette cérémonie où l'on voit Pétain, un manteau posé sur les épaules, en tenue bleu horizon de maréchal de France, et de Gaulle, en grande tenue, à ses côtés. La légende de cette photographie présente souvent de Gaulle comme « aide de camp » de Pétain. Elle est fausse, car il est en fait l'invité personnel du Maréchal. Situation si inhabituelle – un simple commandant invité par un maréchal de France – que certains ont inventé cette position d'« aide de camp » pour expliquer sa présence.

chacun est à même de décoder ce que cela signifie. Malgré la modestie de son grade, Charles est bien le protégé du grand Philippe. Il est *son* invité. Le seul, l'unique. Aucun autre officier n'est distingué de cette façon (Pétain passe pour être plutôt ingrat avec les intimes qui le servent dévotement). Alors que l'heure tourne, de Gaulle est surpris du calme de son hôte, que rien ne semble presser. Or, il sait que la cérémonie religieuse doit bientôt commencer en la cathédrale de Verdun avec le Maréchal comme invité d'honneur. Ce dernier semble indifférent à l'horaire alors qu'une foule immense et des notables civils, militaires et religieux en cohortes l'attendent déjà sous la nef. Son « fils adoptif » s'inquiète. Il ne voudrait pas être tenu pour responsable de son retard. Il le presse donc poliment de lever le siège d'une table où café, cigares et digestifs se succèdent. Olympien, son mentor profite du moment passé avec son favori. Il prend son temps, savoure les minutes qui s'écoulent. N'est-il pas le maître de l'horloge ? On l'a fait tellement attendre par le passé !

Charles de Gaulle racontera plus tard la suite : « "Laissez-moi faire !", me répondit-il. Il regarde sa montre. À l'instant choisi par lui, nous montons en voiture et nous arrivons à la cathédrale. Mais le Maréchal, au lieu de pénétrer par le portail central s'ouvrant sur la nef, entre par une porte latérale donnant accès au chœur. Le clergé, les généraux, le préfet, les autorités, les parlementaires en écharpe, les porte-drapeaux des anciens combattants, la foule se voient alors obligés d'opérer un demi-tour. On crut à une erreur [de Pétain]. Non, c'était une mise en scène. Le Maréchal voulait faire *son* entrée, et non l'entrée prévue. C'est le plus grand acteur de notre temps, un artiste[27]. » Quelle satisfaction d'imposer ainsi son tempo aux « huiles » quand on a été tant dépendant, jadis, de leur bon vouloir !

L'élève de Gaulle est saisi d'admiration devant l'art consommé du grand professionnel. Il se souviendra plus tard de cet art de se mettre en scène quand il s'agira de magnifier, aux yeux de tous, sa geste et son verbe par une simplicité affectée. Il le fera notamment en se servant, à certains moments clés, de sa vieille tenue de général comme d'un costume de scène pour apporter au public la dose dramatique dont il aura besoin (on pense notamment au putsch des généraux en avril 1961). Il a été à bonne école. L'élève dépassera le maître en matière de représentation. Alors que le terme de « Maréchal » désigne automatiquement Philippe Pétain, celui de « Général » signera, plus tard, son identité sans qu'il soit nécessaire de préciser le nom. On pense bien

---

27. Récit fait quand de Gaulle était à Londres. Voir Jean Lacouture, *op. cit.*

entendu au « petit caporal » Napoléon Ier, maître en la matière avec sa redingote grise passe-partout et son petit chapeau, discernable au premier coup d'œil au milieu de ses maréchaux chamarrés. En termes de politique de « marque », c'est le *fin du fin* que de ne plus avoir besoin de donner le nom d'un produit pour le faire connaître mais d'en présenter seulement le logo. Ce sera donc pendant la guerre le combat du *Maréchal* contre le *Général* ! Sur le tard, à Vichy, Pétain lui-même parlera souvent de De Gaulle en disant seulement « le Général ». Mais nous n'y sommes pas encore.

L'ancien taiseux de Saint-Cyr sait désormais qu'il n'y a pas de prestige sans un minimum de scénographie, de mise en image et de verbe. Pétain reste pour l'instant « le maître », dans tous les sens du terme. Selon ses camarades de l'époque, de Gaulle parle du grand homme d'une façon « pieuse ». Le vainqueur de Verdun est la preuve vivante que des circonstances exceptionnelles peuvent mettre en selle des héros que la médiocrité habituelle des bureaux avait tenus sous le boisseau. L'histoire a confirmé la justesse de son intuition d'avant guerre concernant le génie méconnu de son premier chef de corps. Serait-il possible que cette vision intérieure puisse un jour s'appliquer à lui-même, lui qui se sent prédestiné depuis l'enfance ? Cette concordance des âmes serait-elle prémonitoire ? À l'évidence, les deux hommes se projettent l'un en miroir de l'autre. Ils ont un pacte secret non verbalisé, car l'époque n'est pas à l'introspection psychologique ni au partage explicite des sentiments, surtout chez ces deux grands timides.

En ce début d'après-guerre, Charles de Gaulle a grand besoin de la haute protection de celui qui règne sur les armées françaises. Les choses se présentent mal pour lui. La guerre ne lui a pas permis de se hisser sur le pavois ni de rendre vraiment à la France de *signalés services*. Blessé et capturé en 1916 pendant la bataille de Verdun[28], il n'a pu *profiter* de la guerre comme d'un accélérateur de carrière. Et ce n'est pas avec la réplique citée plus haut – *de minimis non curat praetor…* – qu'il peut espérer rattraper son retard sur ses camarades peut-être moins brillants que lui, mais qui ont derrière eux quatre années de guerre active, sont plus et mieux décorés que lui[29] et qui, prudemment, ont fait leur un précepte que Pétain, devenu maréchal, a édicté au sein de son cabinet : « L'ironie ne se pratique que du haut

28. De Gaulle tentera de s'évader cinq fois, en vain. Son double mètre attire immanquablement l'attention de la *Feldgendarmerie*.

29. Il n'a pas démérité toutefois : à moins de 30 ans, il est chevalier de la Légion d'honneur, titulaire de la croix de guerre avec citations, porteur d'une décoration polonaise (la *Virtuti Militari*), récipiendaire des médailles commémoratives de la Grande Guerre, trois fois blessé.

vers le bas... » En cela, il oublie le jeune officier insolent qu'il avait été et qui n'avait jamais respecté ce principe. Ce type de remarques, très politiques, traduit le début d'enfermement mental d'un Maréchal déjà coulé de son vivant dans le bronze dont on fait les statues.

De retour de captivité, de Gaulle, qui se vit comme un « revenant » [*sic*], va devoir retrouver le monde des vivants. Grâce à l'appui de Pétain, il décroche en 1921 une chaire d'histoire militaire à Saint-Cyr. Son cours porte sur la période allant de la Révolution française à la victoire de 1918. Cette affectation ne doit rien au hasard. Elle permet au capitaine, en parallèle, de préparer dans de bonnes conditions le concours d'entrée à l'École de guerre. Le professeur de Gaulle frappe les esprits par son style et son élévation intellectuelle. On ne peut s'empêcher de penser à l'attractivité de son mentor, le professeur Pétain, dix ans plus tôt à l'École de guerre, même si le plus jeune n'enseigne pas une matière prêtant autant à controverse. Dans les deux cas, on se presse en foule pour écouter l'orateur. Voici ce que dit de sa prestation un élève officier présent dans l'assistance :

> Il n'était pas le seul à entrer dans le grand amphithéâtre botté, le sabre au côté. Mais tout cela prenait chez lui seul un aspect solennel et saisissant. Il ôtait son képi, détachait son sabre, le posait à côté de son couvre-chef

> sur le bureau et, gardant ses gants, regardait l'auditoire d'une façon qui n'appartenait qu'à lui. Immense, cambré, le col raide serrant le cou trop long, il parlait deux heures durant sans consulter ses notes. Il nous subjuguait. La sensation produite sur ses auditoires était telle que bientôt, on vit s'asseoir au premier rang les cadres de l'école, des officiers supérieurs, puis des généraux[30]...

En lisant cette description, on mesure à quel point de Gaulle ne se contente pas de professer quand il parle. Il officie... Ce qu'il fait tient du sacerdoce. Et le cérémonial dont il s'entoure pour ses « homélies » tient du culte rendu à la Nation. Cette année est profitable car elle permet au jeune capitaine de réussir le concours d'entrée à l'École de guerre (promotion 1922-1924). Le passage par cette prestigieuse institution doit normalement lui permettre de se repositionner en tête des jeunes officiers de sa génération. Apprenant sa réussite, ses rares camarades l'ont mis en garde : « N'oublie surtout pas, Charles, que tu entres à l'École comme élève et non comme professeur[31]... » Les a-t-il écoutés ? Ce n'est pas certain. Ses notations révèlent l'impression contrastée qu'il a laissée à ses supérieurs :

---

30. Jean Lacouture, *op. cit.*
31. Guy Raïssac, *Un combat sans merci. L'affaire Pétain-de Gaulle*, Paris, Albin Michel, 1964.

« Officier intelligent, cultivé et sérieux ; du brillant et de la facilité ; très bien doué ; beaucoup d'étoffe. Gâte malheureusement d'incontestables qualités par son assurance excessive, sa rigueur pour les opinions des autres et son attitude de roi en exil. Paraît par ailleurs avoir plus d'aptitude pour l'étude générale et synthétique d'un problème que pour l'examen approfondi et pratique de son exécution. » Ces notes, plutôt pas mal vues, sont de la main du colonel Moyrand, professeur de tactique générale. Après guerre, voici ce qu'il en dit en les relisant devant Jean-Raymond Tournoux : « De Gaulle représentait un cas intéressant, difficile et délicat. Ses qualités se révélaient très grandes. Il était très personnel. Je le jugeais d'essence supérieure. Il se mêlait peu aux autres. Il arrivait à l'amphithéâtre presque toujours solitaire. » Même si ce commentaire a pu être influencé par la connaissance de la suite des événements (allusion à l'« essence supérieure »), il reste intéressant. Il confirme notamment la solitude de De Gaulle et ce qu'il faut bien appeler sa morgue. Elle ne peut que l'enraciner dans sa conviction que le destin l'a placé *à part*.

Son attitude arrogante, ses contre-performances dans l'exécution de certains exercices qu'il juge au-dessous de son talent naturel, sa difficulté à accepter la critique font que la majorité du corps enseignant souhaite le classer en queue de peloton de la promotion de l'École de guerre, dans le troisième tiers, avec la mention « assez bien ». C'est une catastrophe qui ne se remonte jamais dans une carrière militaire déjà mal engagée. Le général Dufieux, qui commande l'École de guerre, connaît bien son statut de « poulain de Pétain ». Il « tractionne » (terme militaire qui indique une intense activité déployée pour obtenir un résultat) pour le faire remonter dans le deuxième tiers de la promotion avec la mention « bien ». Il y parvient non sans difficulté, en gonflant artificiellement certaines de ses notes.

Le Maréchal, quant à lui, est intervenu lourdement pour que son ancien lieutenant accède au haut du tableau avec la mention « très bien ». Malgré toute sa bonne volonté, Dufieux n'y est pas parvenu. Le corps enseignant a fait bloc. Par ailleurs, si l'armée est parfois bonne fille pour modifier discrètement certaines notes de bons éléments, elle obtempère difficilement pour les concours… et surtout pas pour un esprit rebelle qui se croit d'une essence supérieure.

Philippe Pétain est furieux que l'on se soit permis de retoquer ainsi son protégé. Il le prend pour un affront personnel. Il le clame autour de lui. Charles de Gaulle est, quant à lui, mortifié. Il peste contre « ces c… de l'École de guerre ». Il se promet de revenir dans cette école prestigieuse pour en prendre le commandement :

« Et vous verrez comme tout changera ! » *Paroles verbales*, comme on dit à Marseille. Intérieurement, il se sait perdu. Son horizon s'obscurcit. Il songe même à quitter l'institution. Que lui reste-t-il de ses rêves chevaleresques d'enfant ? Tout est fracassé... La captivité hier, et maintenant la relégation dans les ténèbres du classement. En un mot comme en cent, sa carrière est fichue. Il plonge à ce moment-là dans l'une de ses sombres mélancolies qui sont un des marqueurs de sa vie, et qui iront parfois jusqu'à l'idée du suicide.

Pour saisir à quel point de Gaulle est profondément blessé en son âme, il faut mesurer le décalage abyssal qui existe entre la conscience qu'il a de son propre génie et la perception ironique de ses chefs. Un de ses camarades de l'École de guerre, le capitaine Chauvin, a raconté un dialogue qui se déroule à la fin de manœuvres épuisantes. Exténués, crottés, sanglés dans leurs tenues, les yeux fixés au ciel, les deux hommes sont allongés dans l'herbe pour récupérer :

> Je romps le silence et je suis moi-même surpris de m'entendre parler : « Mon cher, je vais vous dire une chose qui vous fera sans doute sourire. J'ai ce curieux sentiment que vous êtes voué à un très grand destin... »
>
> J'attendais donc en guise de réponse un rire moqueur et une bourrade dans les côtes pour m'apprendre à

vaticiner. Non… aucune réaction. Surpris, et curieux tout de même de voir comment mon camarade a pris la réflexion, je tourne la tête de son côté. Immobile, le regard perdu vers un horizon très lointain, il prononce alors lentement et d'une voix sourde ces quatre syllabes que j'entends encore : « Oui… Moi aussi[32]. »

Dans son malheur, il a une chance inestimable. Philippe Pétain pense également qu'il est promis aux plus hautes destinées militaires si l'institution ne le placardise pas. Il n'y aura pas de nouvelle guerre de sitôt, pense-t-il cependant, pour permettre à son « pupille » de bénéficier du même accélérateur que le sien. Le pourvoyeur d'étoiles, ce sera donc lui, car il a désormais tout le poids nécessaire pour faire ravaler à l'institution son manque de jugement à l'encontre d'un de ses plus brillants espoirs. Pétain, avant 1914, n'a été protégé par personne. Il n'a pas eu de mentor et n'en a pas cherché. Mais maintenant, il est là pour ce fils spirituel qu'il s'est donné. Et il entend bien le venger de ce qu'il nomme alors devant le général Héring, nouveau commandant de l'École de guerre, une « monstrueuse erreur judiciaire ». Il n'en a jamais autant dit au moment de l'affaire Dreyfus… Il veut sa revanche

32. Jean-Raymond Tournoux, *Pétain et de Gaulle*, *op. cit.*

avec d'autant plus d'éclat qu'il se sent personnellement touché par les déboires de son jeune féal. « De Gaulle a droit à une réparation ! Et moi aussi », proclame-t-il haut et fort dans les couloirs du ministère de la Guerre. On imagine l'embarras dans le Landerneau militaire.

En 1925, Pétain prend une première mesure spectaculaire : il intègre son protégé au sein de son cabinet[33]. D'ordinaire, seuls les meilleurs brevetés de l'École de guerre peuvent aspirer à ce genre de postes très en vue. Pétain n'agit pas que par sentiment paternel. En l'occurrence, cela tombe bien car il est en permanence à la recherche de plumes qui le comprennent et soient à même de faire *du Pétain* dans le texte sans ratures ni bavures. Traitement de faveur, alors que les autres « scribes » s'entassent à plusieurs dans les bureaux, le modeste breveté de Gaulle a droit à une pièce où il peut écrire seul et au calme. Jalousie dans le petit cénacle. Mais ce que le *patron* veut… Ce dernier rature avec parcimonie sa copie toujours élégante et impeccable. Une anecdote révèle la finesse du grain de la relation Pétain-de Gaulle, mais également le fait que l'écrivain en herbe ne lâche jamais rien quand ses principes sont en jeu. Alors qu'il aborde la période révolutionnaire, il

33. Après l'École de guerre, il avait été muté à l'état-major de l'armée du Rhin (Mayence).

écrit dans son projet que les généraux ont eu à connaître en ces temps troublés nombre de vicissitudes : cela a pu les conduire à perdre « le prestige, souvent la vie, parfois l'honneur ». Sa copie revient avec un *léger* amendement rédactionnel de la part de Pétain : « Le prestige, parfois l'honneur, souvent la vie. » L'inversion des deux derniers termes n'a rien d'anecdotique. Cela veut dire que le Maréchal place la vie avant l'honneur… Tout autre scribe que de Gaulle aurait souscrit docilement à cette modification en apparence minime. Pas lui. Il corrige donc… la correction du chef et lui fait valoir qu'il y a dans sa version initiale « une gradation » qu'il convient de respecter scrupuleusement : l'honneur passe avant la vie. Comme le souligne très justement Julian Jackson, il y a là, contenu dans cette *minuscule* escarmouche rédactionnelle, le cœur de ce que sera l'opposition frontale entre les deux hommes en 1940 : faut-il protéger l'honneur de la France ou sauvegarder la vie des Français[34] ? Mais pour l'heure, l'entente est au zénith. Après tant de désillusions, le capitaine se reprend à espérer en un avenir meilleur sous l'uniforme. Désormais, sa destinée est accrochée aux sept étoiles de la constellation Pétain. Il n'y a aucune raison pour qu'elle ne l'entraîne pas au faîte des responsabilités.

---

34. Julian Jackson, *op. cit.*

Le Maréchal a de la suite dans les idées. Il a procédé par étapes : première étape, exfiltration du capitaine (1925) ; seconde étape, réparation du préjudice moral (1927)... Il rumine en effet sa vengeance pour laver l'affront fait à son *fils*. Il a de l'imagination et le sens de la mise en scène, on l'a vu. Après avoir longuement mûri son projet, il va frapper en maître de théâtre. Hors de tous les usages militaires, il impose, en 1927, le modeste officier subalterne comme conférencier extraordinaire... à l'École de guerre, le lieu du « crime » commis jadis contre lui. Et selon ses désirs, qui sont des ordres, cela devra se passer devant le corps professoral rassemblé et les deux promotions réunies. Certes, quelques-uns des professeurs « fautifs » de 1922-1924 ne sont plus là pour avaler la couleuvre (ils ont été mutés après leur temps d'enseignement). Mais il reste des anciens et les nouveaux se sont renseignés auprès d'eux pour comprendre comment un officier d'un rang aussi modeste (et mal noté à sa sortie) pouvait se retrouver catapulté en orateur vedette dans le saint des saints de l'enseignement militaire. Ils sont sidérés de cette faveur[35].

---

35. Peu au fait des us et coutumes de l'armée française, l'historien britannique Julian Jackson passe à côté de la signification de cette affaire de conférences et sous-estime complètement la nature singulière de la relation Pétain-de Gaulle.

Pour que de Gaulle ne soit pas boycotté et ne discoure pas devant une salle vide, le Maréchal fait savoir *urbi et orbi* qu'il présidera lui-même les trois conférences que le capitaine[36] prononcera. Tout le monde se voit ainsi contraint d'assister à ces séances d'humiliation collective. Elles auront lieu le matin, à l'heure où se tiennent d'ordinaire les cours magistraux donnés par de grandes personnalités. Comme à son habitude, Pétain ne néglige aucun détail de sa mise en scène. La souffrance de l'auditoire doit être maximale. Le choix des trois thèmes arrêtés n'est d'ailleurs pas neutre. Par leur ampleur, ils constituent en eux-mêmes une claque magistrale infligée à toute l'assistance : « L'action de guerre et le chef », « Le caractère », « Le prestige ». Qu'un ministre de la Guerre ou un officier général portent ce type de discours, soit ; mais un simple capitaine mal noté… De Gaulle est indifférent à ces *détails*. Il a travaillé d'arrache-pied et s'est donné un fil directeur : la figure et les œuvres de son maître Pétain. Celles-ci transpirent à chaque ligne du texte qu'il a appris par cœur. Et c'est donc le portrait du maître-maréchal en majesté qui se retrouve en filigrane du propos, comme une sorte de palimpseste de la revanche pétainiste.

---

36. Cela fait douze ans que Charles de Gaulle traîne ses trois galons de capitaine.

Le maître jubile d'avance du bon coup qu'il a concocté. Mais tout cela ne serait rien… sans un petit coup de théâtre de dernière minute. L'armée a ses rites immuables. L'un d'entre eux veut que ce soit l'officier exerçant la fonction la plus importante qui pénètre en premier dans une enceinte dans laquelle tous les militaires présents l'attendent respectueusement au garde-à-vous. Le 7 avril 1927, le jour de la punition collective est arrivé. Un : « À vos rangs, fixe ! » claque. Il fige l'amphithéâtre de l'École de guerre dans une attitude pleine de déférence avant l'entrée imminente du Maréchal. Mais à la stupeur générale, c'est le modeste capitaine Charles de Gaulle, képi, gants blancs, sabre au côté, décorations au poitrail, qui s'avance dans un silence impressionnant. Du haut de ses deux mètres, il toise et salue l'assistance médusée. Que s'est-il passé ? Dans la petite salle qui conduit à l'amphithéâtre, Philippe Pétain a laissé passer son disciple devant lui pour contraindre l'École à s'incliner devant celui qui avait été humilié trois ans plus tôt. De Gaulle n'avait pas été prévenu de cet ultime tour de passe-passe. Pétain lui a simplement dit avant de s'effacer au dernier moment : « À vous l'honneur ! Le privilège du professeur est de passer en tête. Et, à partir de ce seuil, le professeur a le droit d'enseigner ce qu'il veut. Principe sacré ! C'est ainsi que j'en ai usé moi-même, émettant des idées différentes de celles de mon temps. » Pour faire bonne mesure, Pétain, juste avant la prise de parole, a invité solennellement la salle abasourdie à bien écouter le conférencier : « Messieurs, le capitaine de Gaulle va vous exposer des idées que je vous prie d'écouter avec attention… » D'emblée, l'invitation rend l'assistance encore plus hermétique à la leçon de ce maudit officier, qui, sans notes[37], va développer ses idées avec brio et maestria. Au premier rang, le Maréchal jubile. Les officiers généraux présents sont horrifiés, les professeurs consternés, les officiers stagiaires partagés entre indifférence, agacement ou admiration. Pétain, lui, se tortille de satisfaction. Quel bon coup ! Il éprouve un bonheur narcissique d'autant plus vif qu'il sent derrière lui la bronca contenue d'une bonne partie de l'auditoire. Combien de fois a-t-il dû rêver jadis de se retrouver un jour en position de rendre à l'institution la monnaie de sa pièce ? Comme on dit aujourd'hui, Charles de Gaulle va « faire le job » à la perfection, ce qui accroît d'autant le plaisir de son maître. Il a le sens de la formule assassine, ce qui le réjouit infiniment : « Il est vrai, que parfois, les militaires, s'exagérant l'impuissance relative de l'intelligence, négligent

37. Pour être précis, de Gaulle a certes préparé des notes, mais il les pose à côté du pupitre et ne les regarde pas une seule fois.

de s'en servir », dit-il par exemple, dans une formule particulièrement méprisante pour l'institution.

Bien sûr, le jeune orateur n'est pas complètement dupe de son instrumentalisation par le Maréchal. Mais il joue le jeu à fond, d'autant que, derrière ses mots, il pense autant à Pétain qu'à lui-même : « Le fait est que certains hommes répandent, pour ainsi dire de naissance, un fluide d'autorité, dont on ne peut discerner au juste en quoi il consiste et dont même on s'étonne parfois, tout en subissant ses effets. » De Gaulle distille également une autre idée chère à son cœur depuis l'enfance : « Le héros est prédestiné... » Mais il est aussi « solitaire » : « Les chefs dont l'histoire nous rapporte le prestige possédaient la faculté de s'isoler moralement, gardant par-devers eux une part cachée de méditation, un mystère, un secret, alors que l'immense majorité des hommes ne dissimulent que leur intérêt. C'est qu'ils calculaient leurs gestes de manière à frapper vivement les esprits, tandis que le vulgaire ne s'observe pas. » Pour bien enfoncer le clou, il ajoute encore : « Les personnalités puissantes, organisées pour la lutte, l'épreuve, les grands événements ne présentent pas toujours ces avantages faciles, cette séduction de surface qui plaisent dans le cours de la vie ordinaire. Les caractères accusés sont d'habitude âpres, incommodes, voire farouches. Si la masse convient, tout bas, de leur supériorité et leur rend une obscure justice, il est rare qu'on les aime et, par suite, qu'on les favorise. Le choix qui administre les carrières se porte plus volontiers sur ce qui plaît que sur ce qui mérite. » La péroraison révèle sa souffrance intérieure : l'époque des héros n'est-elle pas révolue dans le nouvel âge de fer où la puissance du feu efface les individus ? « Notre temps est peu propice à la formation et à la sélection des chefs militaires. L'excès des épreuves récemment endurées a pour conséquences une détente des volontés, une dépression des caractères, une lassitude morale qui détournent l'opinion de l'ordre guerrier et ne laissent pas de troubler jusqu'aux vocations les plus résolues. »

Ce cérémonial aura donc lieu trois fois. Le goût en sera d'autant plus amer pour l'auditoire qu'il ne peut que constater qu'en plus d'être pistonné, ce diable de De Gaulle est doué, bigrement doué, en tout cas pour le verbe. Et quelle érudition ! Le jeune homme a cité dans ses propos Lucrèce, Goethe, Flaubert, Socrate, Hannibal, Napoléon Ier et Napoléon III, Périclès, Tolstoï, Anatole France, *Ubu roi*, Frédéric II, le maréchal de Saxe, Mac-Mahon, Certain de Canrobert, Niel, Kluck, Turenne Thiers, Montalembert, Auguste Comte, Victor Hugo et Scharnhorst… Il n'a pas cité Pétain. C'était inutile, il était présent à toutes les lignes.

Aux yeux de tous, le brillant capitaine est officiellement consacré comme membre à part entière de la « maison Pétain ». Chacun a bien compris, selon une formule jaillie alors dans le bureau du commandant de l'École de guerre, que « de Gaulle, c'est Pétain démarqué ». Cet adoubement lui vaut d'être définitivement détesté par une bonne partie de l'élite de l'armée[38]. Le vieux chef s'en moque. C'est plutôt pour lui un bon signe. « Quelle culture, quel style, quelle mémoire ! », ne cesse-t-il de clamer, agaçant son entourage qui le juge complètement *entiché* de son poulain trop haut sur pattes. Dans les couloirs des ministères, au hasard des rencontres, il présente son immense collaborateur qui le flanque à des généraux qui deviennent rouge pivoine en l'entendant dire d'un air gourmand : « Je vous présente le prochain généralissime… »

Le vainqueur de Verdun pourrait presque être jaloux des talents de De Gaulle si celui-ci n'était avant tout *sa créature*. N'est-il pas le fils qu'il a extrait de sa « cuisse » jupitérienne ? Ne lui doit-il pas sa survie au sein de l'arche sainte ? La sensation est délicieuse pour qui a l'amour captif. Mais il est également parfai-

38. À quelques très rares exceptions près, comme le général Matter, directeur de l'Infanterie, qui voit en lui un futur « généralissime ».

tement lucide sur la fragilité du profil de son protégé. Il sait que son appui seul ne suffira pas à le mettre sur l'orbite des étoiles de général. L'influence est une chose, mais il y a dans l'armée un minimum de règles à respecter. Le *cursus honorum* ne peut se bâtir dans la durée à partir de dérogations ou de faveurs qui distinguent en salissant. De Gaulle doit donc, à un moment ou à un autre, reprendre le chemin classique de l'ascension militaire, hors de toute faveur princière. Il faut qu'il fasse valoir ses propres mérites pour effacer, ou du moins estomper, cette réputation de favori qui le dessert. Pour parfaire son curriculum vitae et rattraper son retard, Pétain le recommande pour le prestigieux 19e bataillon de chasseurs alpins (BCA) de Trèves (troupes d'occupation françaises en Rhénanie).

Nous sommes en septembre 1927. Sur place, les officiers, qui vont « toucher » (« recevoir » en argot militaire) leur nouveau chef de corps, savent que celui-ci appartient à la prestigieuse « maison Pétain ». C'est plutôt valorisant pour le corps. De Gaulle en joue à fond, n'hésitant pas à évoquer devant ses officiers ébahis le fait que le Maréchal est le parrain de son fils (ce qui est faux, comme nous l'avons dit plus haut). Il entend s'imposer comme un chef qui pense. Aussi fait-il des conférences de très haute volée qui laissent parfois ses officiers hagards. Un jour, il n'hésite pas à citer le dramaturge norvégien Henrik Ibsen parfaitement inconnu au bataillon. Ses officiers le raillent dans les couloirs en parlant de ses « ibsénités ». On comprend pourquoi il écrit à l'époque à ses amis parisiens pour se plaindre de la faiblesse de la stimulation intellectuelle du lieu. De Gaulle en conclut que si « Mars était fort beau, fort et brave, il avait peu d'esprit ». Lui sera un Mars pensant… Esprit et corps aiguisés, il n'est pas moins intraitable sur les questions de service et, surtout, il mène ses hommes à la baguette et tambour battant[39]. Ce faisant, l'homme n'est pas toujours prudent. Au lieu de faire profil bas, de se concentrer sur le beau commandement qui doit se dérouler sans aucune anicroche, il tire un peu trop sur la corde en refusant d'appliquer les règlements qui interdisent de procéder à des manœuvres trop hardies en hiver réputées dangereuses pour la troupe (rappelons qu'il s'agit d'une armée de conscrits). Charles de Gaulle n'en a cure. Il passe outre. Il pousse à fond sa troupe. Cela se sait[40]. Une enquête est diligentée. *In fine*, le général commandant l'infanterie divisionnaire

---

39. Il le fera dans tous ses commandements, notamment en 1939-1940, laissant le souvenir d'un chef très dur dans son commandement et tenant à distance (les militaires disent « à six pieds ») ses cadres. Aucun ne le suivra à Londres.

40. Les conscrits n'hésitent pas, parfois, à écrire à leur député pour se plaindre de leur condition militaire.

s'abstient toutefois de sanctionner le « protégé », alors que la faute de commandement semble patente.

Fort d'un certain sentiment d'impunité, soucieux de faire tourner son unité à fond, il poursuit dans la même voie risquée en s'asseyant sur les textes officiels quand ceux-ci ne lui conviennent pas. Par exemple, il ne supporte pas que ses citoyens-soldats demandent à leurs députés de les faire revenir en France. Il fait aussitôt paraître une note interne prévoyant des sanctions pour ceux qui auraient recours à ce genre de pantouflage. Quelle idée que celle de vouloir échapper à un si beau régiment et surtout à son commandement ! Quelque temps plus tard, un ordre officiel de mutation en France en faveur d'un soldat pistonné arrive sur son bureau. Son sang ne fait qu'un tour. Considérant que « son » règlement a été bafoué, il met au trou séance tenante le pioupiou récalcitrant. Dans son élan autocratique, il n'a pas bien intégré le fait qu'il s'opposait *de facto* à un ordre supérieur du ministère de la Guerre. Protestation du soldat, plainte du parlementaire, émoi des bureaux du ministère... Une nouvelle enquête est diligentée et, cette fois, il risque de ne pas pouvoir passer entre les gouttes. « Il m'arrive un coup dur ! J'ai une salle affaire sur les bras ! », confesse-t-il à un ami en prenant conscience qu'il est allé trop loin. Il prend alors le train pour Paris afin de rencontrer le « patron » et de lui demander protection. Comme un père infiniment indulgent pour un rejeton turbulent, Philippe Pétain règle le problème grâce à ses bonnes relations avec son ami et président du Conseil, Paul Painlevé. Et, selon sa formule, il lui « tire une belle épine du pied ! ». De Gaulle peut poursuivre son chemin, mais il a renforcé au passage ce qui commence à ressembler à une « mauvaise réputation ». Une nouvelle fois, il rate le coche d'une sorte de *normalisation*. On murmure désormais sur son passage : « Voilà un officier très à cheval sur la discipline quand il commande, mais qui en manque complètement à titre personnel. » Plus tard, certains feront valoir que Charles de Gaulle ne respecte l'État que quand il en est le chef !

Soulagé de ne pas avoir été sanctionné, le commandant de Gaulle clame d'autant plus fort à qui veut l'entendre que Pétain est son « grand homme ». Pourtant, le doute s'est déjà insinué dans l'esprit du fils dévot. Plus tard, après la chute de l'illustre vieillard, il dira – sans que l'on puisse savoir si c'est une reconstruction *a posteriori* – que dès 1925, travaillant alors directement à ses côtés, il avait été frappé par une double évolution chez son mentor : « *J'ai vu apparaître en lui deux phénomènes également forts et pourtant contradictoires : le désintérêt sénile de tout et l'ambition sénile de tout* [souligné par nous]. » Un extrait d'une lettre de 1929 écrite à un ami, le colonel Nachin, montre que, dans le privé, il peut désormais manifester infiniment moins de déférence à son propos : « On s'occupe du discours de réception du Maréchal à l'Académie. [...] Il s'agit de faire l'éloge de Foch que *l'autre* [Pétain] ne pouvait pas sentir, et réciproquement... » *L'autre...* Bigre, le terme est bien peu respectueux et signe l'exaspération naissante. Certes, les militaires ont souvent le sens des formules hardies ou même des mots triviaux pour cacher une véritable affection. Mais *l'autre* !!! Il parle bien du maréchal Pétain, du généralissime de temps de paix, de son héros ? Le mot dit en tout cas la distance psychologique qui se forge à l'approche des années 1930. Toujours à la même époque, il commence à nommer Pétain « l'*Imperator* ». On y trouve la même dose d'ironie mordante. De Gaulle aurait-il attrapé les tics de son mentor, toujours prompt à railler les autres d'un mot assassin ?

De Gaulle n'est plus en couveuse. Il a grandi. Il s'émancipe. Toute forme de tutelle l'étouffe. Ses yeux se sont dessillés. Les tours de magie du maître se sont évanouis. Mais s'il veut prendre son envol, encore faut-il qu'il en ait les moyens. Pétain reste bonne pâte avec lui. Il lui voue une réelle affection qui n'est sans doute plus tout à fait réciproque. Or, en vieux patriarche, il n'aime pas qu'on lui manque et sent, avec son instinct aiguisé par l'âge, que sa créature lui échappe. Le temps est venu d'un premier avertissement qui sonne comme une menace. Il vieillit, certes, mais il a encore le coup de fusil agile pour qui viendrait à vouloir prendre son envol loin de sa statue de Commandeur. Sollicité, dans un premier temps, pour participer à l'équipe rédactionnelle du discours de réception à l'Académie française[41], Charles de Gaulle en a finalement été écarté. Le motif ? L'entourage a fait valoir au maréchal-académicien que cette plume n'était pas sûre et que de Gaulle risquait de se vanter à l'extérieur de l'avoir entièrement écrit. *Exit* donc ce vantard impénitent. C'est à ces petits détails que l'on mesure les égrenures qui commencent à flétrir discrètement le pur cristal de la relation originelle.

---

41. Pétain sera officiellement reçu au fauteuil de Ferdinand Foch en 1931. Si son discours ne comporte pas de piques directes, il se distingue par une froideur d'évocation à l'égard de l'œuvre militaire de son grand rival. Le texte transpire le travail d'état-major désincarné qui l'a inspiré. La plume de De Gaulle y aurait sans doute ajouté un peu plus de panache...

Acte 3
La séparation

« La vieillesse n'est pas apaisée. Le diable est vieux. »

André Maurois

À la fin des années 1920, la relation Pétain-de Gaulle n'est donc pas sans ambiguïté. Pétain aime de Gaulle à sa façon, celle des pères abusifs qui ne veulent pas que leur fils grandisse hors de leur soleil. Son affection est sincère. Il est touché par sa personnalité qu'il juge hors norme. Surtout, il se reconnaît en lui. Aussi n'a-t-il jamais ménagé ses efforts pour sortir son protégé des mauvais pas dans lesquels son tempérament impétueux l'a fourré, ni pour le conseiller habilement sur le bon déroulé de sa carrière[1]. Mais certains de ses officiers d'état-major, avec la prudence qui sied dans une

1. C'est Pétain qui lui suggère de partir quelque temps à l'étranger, en l'occurrence au Liban, pour parfaire son *cursus*

histoire où la part affective est très présente, tentent de le mettre en garde contre *l'ingratitude naturelle* du Connétable. Pétain balaye tout cela d'un revers de la main. Il aime de Gaulle et il apprécie la dépendance dans laquelle ce dernier se trouve par rapport à lui. Comment pourrait-il lui manquer ? Il lui doit tout. De son côté, de Gaulle conserve de l'admiration pour le grand chef, surtout pour son réalisme, son refus des dogmes, et il envie son destin fabuleux. Il reste impressionné par la dimension historique d'un personnage qui a réalisé les rêves qu'il portait. Inversant le cours de l'histoire, ce laissé-pour-compte avant guerre n'est-il pas passé de la roche Tarpéienne au Capitole ? Chez de Gaulle, il faut cependant bien comprendre que l'ambition, avec un grand A, est plus forte que le sentiment filial de dévotion ou de reconnaissance envers quiconque. En outre, on l'a dit, il a vu les premières failles apparaître dans la statue du Commandeur. Les veines qui courent le long du marbre du buste de Pétain ne sont pas naturelles. Il sait qu'elles ressemblent fort à d'infimes fractures qui ne demandent qu'à grandir. Ce sont les signes avant-coureurs de la sénilité et d'un certain affaissement mental et moral.

---

honorum. De 1929 à 1931, de Gaulle sera affecté à l'état-major des troupes françaises du Levant.

De Gaulle n'est pas le seul à le constater. D'autres, en termes infiniment respectueux pour l'icône, en parlent sous cape. Ainsi, le fidèle général Émile Laure (l'autre plume préférée de Pétain) confie au début des années 1930 au colonel Bouvard, ancien officier d'ordonnance du général en 1917, que l'état du grand homme le préoccupe. Si l'allure générale reste splendide sous la tenue militaire aux sept étoiles, le reste est plus préoccupant : « La mémoire faiblit. Pour les faits anciens, le Maréchal est parfait. Pour les faits nouveaux, il n'assimile plus, ou il assimile mal[2]. » L'intéressé s'en rend compte lui-même. Alors qu'il est ministre de la Guerre (il a 78 ans, un âge canonique à l'époque…), il écrit au colonel Audet, qu'il affectionne : « [Tout va bien] tant que je ne perds pas la notion du réel, comme naguère notre pauvre président de la République Deschanel[3]… » À son collaborateur le colonel Conquet, il avoue : « Vous êtes ma mémoire. » Signe que celle-ci est désormais défaillante.

2. Jean-Raymond Tournoux, *Pétain et de Gaulle*, *op. cit.*

3. Paul Deschanel (1855-1922), élu président de la République en 1920, souffre de troubles mentaux. Un chef de gare le retrouvera un jour sur le ballast complètement perdu après avoir sauté de son train. Il pouvait lui arriver de se promener nu dans les jardins de l'Élysée. Il dut démissionner sept mois après son élection (il avait devancé au scrutin le « Tigre », Georges Clemenceau).

La rupture tangible entre le père et le fils va se produire en un double point qui concentre chez ces deux monstres d'orgueil le maximum de charge détonante : la paternité littéraire et la vision de la guerre de demain. Petit à petit, de Gaulle tend la corde qui le relie à son tuteur. Il s'affranchit pas à pas pour mieux se mettre à son compte. Il publie, en 1932, les fameuses conférences de l'École de guerre dans un petit ouvrage : *Le Fil de l'épée*. Il n'est pas fou et connaît son Pétain par cœur. Comme l'appétit à table, la vanité ne croît-elle pas avec l'âge ? Aussi la page de garde de l'ouvrage porte-t-elle cette mention sirupeuse en forme de paratonnerre : « Au maréchal Pétain. Cet essai, Monsieur le Maréchal, ne saurait être dédié qu'à vous, car rien ne montre mieux que votre gloire, quelle vertu l'action peut tirer des lumières de la pensée. » Pour faire bon poids, il ajoute à la plume dans l'exemplaire sur vélin pur fil Lafuma qu'il lui expédie : « Hommage d'un très respectueux et très profond dévouement[4]. » Pétain lit la dédicace imprimée et biffe d'un trait de plume les mots « mieux que votre gloire ». Et chacun dans l'entourage du grand sage de souligner sa modestie proverbiale. Mais les choses sont plus subtiles. Comme le dit le général Héring avec une grande finesse psychologique : « De Gaulle nous paraît

4. Pétain emportera ce volume avec lui à l'île d'Yeu…

possédé d'un orgueil himalayen. L'orgueil du Maréchal est très différent : c'est, élevé au sommet, l'orgueil de la fière [fausse] modestie. »

Comme on l'a vu, Philippe Pétain a déjà été mis en garde à plusieurs reprises par son entourage. À nouveau, son état-major lui fait valoir que le fils chéri ne roule que pour lui, que son orgueil démesuré l'empêchera toujours d'accepter la noblesse de l'effacement inhérente au véritable serviteur, que son ambition personnelle est sans frein. Pétain, après avoir ignoré longtemps ces propos, commence désormais à dresser l'oreille et à écouter la petite musique de la « trahison » gaullienne que lui jouent ses proches. Il sent bien que son « fils » prend ses distances, vient le voir moins souvent et ne sollicite plus ses conseils. Par exemple, il ne lui a pas demandé l'autorisation de publier ces conférences qui n'existent dans son esprit que parce qu'il les a voulues et imposées à tous. Le Maréchal vit assez mal cette émancipation au forceps. La montée d'un fils ne signe-t-elle pas automatiquement la descente du père ? L'ingratitude, pour lui, confine à la grossièreté. Il en est réellement peiné, car il est très économe, d'ordinaire, de son affection. Pour une fois qu'il la manifeste… Tant pis pour lui, l'ingrat ne perd rien pour attendre.

En février 1934, le père va se venger du fils, non par action, mais par omission. D'emblée, le ministre Pétain montre indirectement son courroux en ne le prenant pas au sein de son équipe du cabinet de la Guerre[5]. Plus grave pour leur relation, il laisse la carte-lettre de juillet, qui porte acte de candidature de De Gaulle, sans réponse. On imagine l'effort que celui-ci a dû faire sur lui-même, voyant qu'il n'était pas appelé, pour solliciter son ancien mentor. Pétain avait affirmé à son collaborateur le lieutenant-colonel Conquet, qui s'inquiétait de la réponse à apporter, qu'il inviterait lui-même de Gaulle à déjeuner square de La Tour-Maubourg pour en discuter[6]. Conquet avait trouvé le procédé délicat et parfaitement adapté à la relation entre les deux hommes, qu'il croyait encore de bonne qualité. De Gaulle méritait bien ce traitement particulier. Or, Pétain ne bouge pas, repoussant chaque jour une rencontre qu'il juge intérieurement *pénible*. Volonté manifeste de punir ou gêne dans la gestion

---

5. Le général Laure, qui fait partie du cabinet, pèse de tout son poids pour que de Gaulle ne rejoigne pas l'équipe de l'hôtel de Brienne. Il est agacé par l'ambition dévorante de son jeune « camarade », par son ingratitude vis-à-vis du Maréchal et par le fait que de Gaulle, en coulisse, parle de lui comme d'un « petit homme », compte tenu de sa modeste taille... surtout comparée à la sienne. Pétain a été appelé par Gaston Doumergue, président du Conseil, à faire partie du gouvernement après les violents troubles antiparlementaires du 6 février 1934.

6. Alfred Conquet, *Auprès du maréchal Pétain*, *op. cit.*

d'une relation devenue un peu poisseuse ? Toujours est-il qu'il laisse pourrir la situation. Pis, il récidive, ce qui traduit bien sa volonté de tenir désormais à distance son ancien favori. Alors que le colonel Conquet doit rejoindre le Centre des hautes études militaires (CHEM), il propose au ministre que ce soit son camarade de l'École de guerre qui le remplace au sein du cabinet. A-t-il sondé le disgracié préalablement ? On ne le sait pas, mais ce n'est pas impossible. « Je sais. De Gaulle a de la hauteur, de l'assurance, une volonté tenace, une mémoire incomparable. Mais j'ai moi-même une difficulté avec lui », lui répond le Maréchal. Il concède à Conquet que son ancien poulain sera son « deuxième choix » si le premier ne fonctionne pas. Charles le conquérant ne sera finalement pas désigné[7]. Pouvait-il en être autrement ? Le fil intime était cassé. L'immense orgueil de De Gaulle en est flétri… à tout jamais. Qu'il n'ait pas été pas retenu, soit, mais que le Maréchal n'ait même pas pris le temps de lui faire répondre… C'est sans doute à ce moment-là que se situe le point de rupture dans le cœur complexe de cet homme de 44 ans, porté par une ambition puissante – démesurée, disent nombre de ceux qui le côtoient. À ses yeux, Pétain lui a manqué, alors que c'est lui qui

7. *Ibid.*

a franchi le Rubicon en publiant ses conférences sans lui avoir demandé son autorisation préalable, comme il est d'usage. Le vieux chef lui a rendu la monnaie de sa pièce… au centuple.

On notera, au passage, la complexité de la relation de De Gaulle à l'*Imperator*. Charles de Gaulle n'hésite pas à le solliciter, alors qu'il sait le vieux soldat très loin d'être acquis à ses récentes thèses sur le corps cuirassé et alors qu'il le juge dépassé, pis : sénile. On peut lui concéder qu'il souhaitait faire bouger la machine militaire de l'intérieur – quel meilleur levier en la matière que le Maréchal ? Mais certains penseront que son ambition sans borne était prête à tous les compromis, y compris la recherche d'un appui déjà pas mal usé par ses soins et qui ne partageait pas ses vues. Par bien des côtés, de Gaulle peut apparaître alors comme un carriériste faisant flèche de tout bois pour faire valoir ses positions et se propulser sur le devant de la scène.

Dépité, le commandant de Gaulle se lâche désormais dans les salons : « Le Maréchal est maintenant un homme au cœur sec. Souvenez-vous comment il a agi avec Lyautey au Maroc. C'était le début ! Il n'a plus de générosité, plus de fermeté. Où est le temps où il manifestait une indépendance intransigeante, où il envoyait sur la circonférence, selon son expression favorite, les plus hautes autorités, sans ménagements pour sa carrière et son avancement[8] ? » Le froid et le doute se densifient progressivement de part et d'autre. La gêne et le ressentiment remplacent doucement la confiance et l'admiration passées. L'acide de la méfiance et de l'amertume ronge ces âmes fières. Vu leur nature, il ne faut pas s'attendre à des explications franches pour purger les miasmes de la discorde et repartir d'un bon pied. C'est l'embarras qui domine, la volonté de mettre un voile pudique sur le contentieux. On s'agace mutuellement et on s'évite. On esquive plutôt que de s'aborder ouvertement. Au début des années 1930, Charles de Gaulle n'est plus convié à la table privée du Maréchal, square de La Tour-Maubourg. La maréchale s'en réjouit car elle ne l'aime pas beaucoup. A-t-elle eu vent de ses propos acides selon lesquels, si le Maréchal court au grand galop derrière les honneurs, son épouse le précède toujours d'une tête ? Pétain lâche parfois : « De Gaulle ? Un roc. Il manque de cœur ! » Symétrie de la rancœur, similitude des griefs, les deux hommes disent finalement la même chose l'un de l'autre. Ces deux grands taiseux, quand il s'agit de sentiments, se refusent à vider la querelle frontalement. Mais comment croire qu'ils n'en souffrent pas ?

Il ne va pas falloir attendre longtemps pour que le Maréchal soit pleinement convaincu de l'ingratitude

8. Jean Lacouture, *op. cit.*

abyssale de son ancien protégé. En 1938, le lieutenant-colonel de Gaulle, qui commence très doucement à émerger de l'anonymat en tant qu'auteur militaire, publie chez Plon son nouveau livre : *La France et son armée*. L'essentiel de cet ouvrage académique, écrit d'une plume élégante et érudite, parfois un brin lyrique, a été rédigé en partie une dizaine d'années plus tôt sur commande de… Pétain. Ce dernier souhaitait alors le voir publier sous sa signature avec le titre *Le Soldat à travers les âges*. Dans son esprit, la perspective d'une entrée à l'Académie française nécessitait de pouvoir mettre sur la table du Quai Conti un volume de référence pour asseoir sa légitimité peu assurée d'« écrivain ». C'était alors une pratique classique. Les mémoires des maréchaux de la Grande Guerre ont été rédigés par des scribes dociles chargés de mettre en lumière le génie du *patron* en escamotant celui des autres. Or, si Pétain est érudit, capable de corriger avec dextérité les écrits de ses pairs, il n'est guère enclin à la rédaction de textes longs. Il manque de style, de souffle et d'inspiration. Véritable écrivain dans l'âme, historien militaire hors pair, de Gaulle avait donc, très logiquement, été chargé de rédiger l'« œuvre » pour son compte.

Sans doute, par une volonté à la fois consciente et inconsciente de punir le fils prodigue, le Maréchal avait-il fini par décider de laisser moisir ce projet dans ses tiroirs[9]. Il est vrai que de Gaulle s'était montré un nègre bien rigide. Il avait d'ailleurs obtenu dès le départ que son nom figurât en page de garde comme *contributeur* à la grande œuvre… Un privilège plutôt rare. Il avait fait tiquer le sourcilleux général Laure, son patron direct au sein du cabinet du Maréchal, qui considérait que ce jeune arriviste abusait de la bénévolence paternelle du vieux soldat. Cette histoire de livre avorté avait connu d'autres rebondissements, empoisonnant la relation entre les deux hommes.

En janvier 1928, Charles de Gaulle avait vigoureusement protesté quand Pétain avait voulu faire remanier le manuscrit du *Soldat* par un autre officier de

---

9. L'ouvrage devait donc s'intituler *Le Soldat à travers les âges*. En 2010 a été versée au Service historique de la Défense une partie consacrée à la Grande Guerre et rédigée par Pétain lui-même (son écriture a été authentifiée). Sachant son peu de goût pour l'écriture, on ne sait qu'en penser. A-t-il repris les notes de son futur biographe de 1941, le fidèle Émile Laure, pour réécrire ensuite de sa plume – la seule légitime sur cette période – ces trois cent cinquante feuillets ? Ce manuscrit, après avoir fini dans un tiroir de la résidence du Midi du Maréchal, aurait atterri chez un maçon italien, qui l'aurait confié en 2006 à un passionné d'histoire militaire qui l'a alors rendu public et confié à la Défense. Il a été publié chez Privat en 2014. En 1929, Pétain avait publié chez Payot un livre sur la bataille de Verdun. Il a été réédité en 2015, dans la collection « Tempus », avec une préface de Bénédicte Vergez-Chaignon.

son état-major. Sans doute le Maréchal cherchait-il à noyer la prose gaullienne, qu'il trouvait parfois un brin grandiloquente. Plus sûrement, en la diluant ainsi, songeait-il à éviter le sentiment exacerbé de propriété intellectuelle dont il savait son jeune ami capable, surtout en matière d'écriture et de style. On se souvient que le jeune scribe ne lâchait rien quand l'équilibre subtil de sa prose était menacé par la main même de Pétain, fût-elle des plus diaphanes…

Gêné d'avoir à marcher sur ses brisées littéraires, connaissant son irascibilité dans ce domaine, le nouvel officier rédacteur, le colonel Audet, avait très élégamment averti son jeune camarade de Gaulle, pourtant d'un grade nettement inférieur, des intentions du patron. La riposte avait été immédiate : estimant que sa prose et son style faisaient de ce document une œuvre originale et personnelle, il avait vigoureusement protesté. On ne touche pas à son œuvre, fût-elle le fruit d'une commande d'un des plus hauts personnages de l'institution militaire. « Un livre, c'est un homme, écrivit-il furieux à Audet [tout en le remerciant de l'avoir alerté]. Cet homme, jusqu'à présent, c'était moi. Si quelqu'un d'autre, fût-ce Montesquieu – fût-ce vous-même, mon colonel –, s'en mêle, alors de deux choses l'une : ou bien il fera un autre livre, ou bien il démolira le mien qui n'aura plus de caractère et par conséquent de valeur. Si le Maréchal tient à ce que vous fassiez un autre livre, je n'ai aucune objection à présenter. Je reprendrai purement et simplement mon livre. [...] »

Mon livre... On mesure à travers ces deux mots à quel point Charles de Gaulle s'était déjà émancipé d'une tutelle qu'il commençait à trouver encombrante. Pourtant, le rapport de force ne lui était pas du tout favorable et il brûlait ses vaisseaux en défiant son ancien protecteur. Dans la foulée, il avait fait parvenir au Maréchal une lettre courroucée qui ressemblait plus à une mise en demeure qu'à un courrier déférent d'un subordonné à un supérieur. On y mesure, une fois de plus, le fait que quand son orgueil est en jeu, il n'hésite pas à outrepasser les limites permises. Que Pétain soit maréchal de France ou maréchal des logis ne présente, dans l'affaire, presque aucune différence pour lui... si ce n'est, de temps en temps, qu'il consent à donner un petit coup de cirage pour faire passer ce que le propos peut avoir de rêche :

> Monsieur le Maréchal,
>
> Quand vous m'avez fait en 1925 le grand honneur de me demander d'être votre collaborateur pour *Le Soldat*, vous avez bien voulu me dire qu'il s'agissait d'une collaboration personnelle, que le travail resterait entre nous deux et que vous sauriez reconnaître publiquement la

> part que j'y aurais prise. C'est dans ces conditions que j'ai accepté de l'entreprendre. J'ai d'ailleurs dans votre très haut jugement une confiance trop absolue pour imaginer que vous teniez un tel ouvrage pour un travail d'« état-major ». [...] C'est pourquoi je vous demande, Monsieur le Maréchal, avec une respectueuse instance, de ne soumettre à aucune autre plume ce que je n'ai remis qu'à vous. [...] Si, par dévouement à votre égard et par désir de donner à certaines idées, dans l'intérêt général, toute l'autorité de votre nom, je consens de grand cœur de vous voir signer seul l'ouvrage, je ne puis renoncer à ce que j'y ai mis moi-même. D'ailleurs, y renoncerais-je que l'avenir se chargerait fatalement de remettre les choses en place. [...] Si le monde entier sait ce que vaut dans l'action et dans la réflexion le maréchal Pétain, mille renseignés connaissent *sa répugnance à écrire* [souligné par nous].

Jean Lacouture, dans sa biographie du Connétable, fait dans l'*understatement* pour qualifier cette charge étonnante si on se replace dans le contexte de l'époque où Pétain est *la* grande figure militaire. « Fermeté, désinvolture, ironie, hauteur de vues, le commandant de Gaulle dit ce qu'il doit dire au chef dont dépend sa carrière militaire », écrit-il. La lettre est bien plus acide que cela. C'est une déclaration de guerre littéraire. Elle est d'une rare arrogance (« Je consens... » De toute façon, écrit-il en substance, on finira par reconnaître ma griffe derrière votre signature…) et insolence (tout le monde sait que vous ne savez pas écrire…). Le général Laure, qui veille toujours sur les intérêts du vieux maréchal, écrit à son ancien subordonné au sein du cabinet pour lui demander fermement de retirer son brûlot qu'il juge insultant pour la figure du grand soldat. De Gaulle n'en a cure… Il le maintient. Ce qui est encore plus surprenant, quand on sait cela, c'est qu'il tente, comme on l'a vu, six ans plus tard de rentrer en grâce en sollicitant une place dans l'équipe du cabinet du ministre Pétain. Pouvait-il vraiment croire que la capacité de pardon du vieil homme à son endroit aurait une telle élasticité ?

Lassé de ces récriminations et choqué par ces exigences éditoriales – peu en harmonie avec les pratiques de l'époque[10] –, Pétain avait donc, en 1928, remisé prudemment dans un tiroir profond le dossier du *Soldat*. Puisque de Gaulle ruait dans les brancards, autant ensevelir l'objet du contentieux. On verrait plus tard… Rien ne pressait. Quelques années durant, il en

10. Les témoignages des autres nègres de Pétain révèlent un patron plutôt bon enfant dans ce domaine (surtout en comparaison des autres pontifes militaires). Non seulement il a accepté le principe que le nom de De Gaulle figure en page de garde, mais quand il fait écrire un article de presse, il partage toujours la pige en deux parts égales : une pour lui, une pour son prête-plume.

fut encore question à l'occasion des échanges de vœux entre les deux hommes : le Maréchal restait évasif face aux questions de son jeune ami demandant ce que devenait *Le Soldat*...

Lassé de ne rien voir venir, de Gaulle se lance. *Exit Le Soldat* de Pétain en 1928, bienvenue à *La France et son armée* en 1938. Dix ans pendant lesquels la relation entre les deux hommes a viré à l'aigre. Le nègre se rebiffe sur le tard (il a 48 ans). Il a décidé de publier « son » travail diminué de toutes les suggestions de Pétain et augmenté d'une nouvelle partie concernant la guerre de 1914-1918[11]. L'éditeur lui-même est à des années-lumière de penser que son nouvel auteur publie un texte qui, d'une certaine façon, appartient à un autre, ce qui pourrait présenter des risques en matière de droit moral et/ou légal. Le contrat d'auteur a été signé en janvier 1937. Le manuscrit est remis à Plon en avril 1938. Le comité de lecture l'accepte... mais sans enthousiasme. Le style de De Gaulle n'a pas encore la pureté de ses *Mémoires* après guerre. Un certain lyrisme, parfois de la grandiloquence alourdissent quelque peu certains passages. Le livre doit

11. À l'origine, celle-ci devait être rédigée par le maréchal Pétain lui-même, sans doute aidé par Laure, qui avait appartenu à son cabinet durant le conflit, puis après guerre.

paraître en septembre. Au mois d'août, le lieutenant-colonel de Gaulle relit les épreuves. Durant toute cette séquence, il n'a pas estimé utile de prévenir son ancien commanditaire de son initiative hardie. Or il ne peut pas avoir oublié l'algarade de 1928, quand Pétain avait voulu faire reprendre et remanier son premier jet par le colonel Audet. Finalement, anticipant la bourrasque que cette publication va provoquer du côté du square de La Tour-Maubourg, il écrit benoîtement à l'*Imperator* pour l'informer. Si Pétain proteste, il sera de toute façon trop tard pour arrêter les rotatives prêtes à tourner. D'ailleurs, de Gaulle ne demande pas une autorisation dans son courrier, il rend compte très sobrement de la prochaine publication. Il va déchaîner une tempête.

L'échange de poulets qui va s'ensuivre entre les deux hommes en dit long sur la dégradation de leur relation et explique pourquoi, à Vichy, Pétain ressortira à plusieurs reprises devant ses proches cette *histoire de manuscrit* pour faire croire que le de Gaulle de Londres ne cherche qu'à se venger de cette vieille querelle littéraire. L'ouverture du feu revient donc à de Gaulle, qui lui écrit :

> Monsieur le Maréchal, J'ai l'honneur de vous rendre compte de la publication prochaine d'un ouvrage de votre

serviteur : *La France et son armée.* Je m'y suis efforcé de réaliser cette synthèse dont vous m'aviez naguère chargé [...]. J'ai pu, en d'autres temps, Monsieur le Maréchal, espérer pour cette étude une destinée plus éclatante. Mais douze années écoulées m'ont amené au renoncement. D'ailleurs, l'attitude de réserve impassible que vous avez adoptée relativement [aux chapitres consacrés] à la Grande Guerre rendrait inconcevable l'aboutissement de l'ancien projet. Il reste, Monsieur le Maréchal, que ce travail fut entrepris sous votre impulsion. Peut-être voudrez-vous accepter que cela soit dit, par exemple sous la forme d'un avant-propos, pour lequel je me permets de vous soumettre, ci-joint, un projet.

Je vous prie de bien vouloir accepter, Monsieur le Maréchal, l'assurance de mon très respectueux dévouement.

C. de Gaulle.

Par rapport au projet initial, on mesure le renversement de situation : grand prince, c'est désormais un de Gaulle en majesté qui propose à Pétain de figurer modestement en page de garde... La riposte épistolaire ne se fait pas attendre. La lettre, tapée à la machine sur un papier à en-tête du maréchal de France, est sans aménité et laisse même planer la perspective de poursuites judiciaires si l'impudent ne renonce pas à son projet. « Votre attitude m'est très pénible ! », lui écrit l'offensé. « Je considère que ce travail m'appartient personnellement et exclusivement, écrit-il sèchement. Je me réserve donc de l'utiliser comme il me conviendra. [...] Je me réserve aussi de m'opposer à sa publication dans le présent et dans l'avenir [...]. » L'affaire s'envenime donc et, pour l'instant, l'éditeur ne sait toujours pas ce qui se passe en coulisse.

Dans sa réponse, Charles de Gaulle reprend les arguments de sa première lettre de protestation de 1928, en les développant. Il fait valoir que son livre est profondément démarqué du travail d'état-major qui lui avait été confié jadis. Avec une bonne dose de jésuitisme, il explique que le texte originel (celui remis à Pétain) a été tellement modifié par ses soins qu'il a « renoncé radicalement – non certes sans dommages pour l'ouvrage – aux corrections, observations, suggestions, que vous aviez faites et que je possède encore telles qu'elles furent apportées de votre main ». Le message est assez explicite : si l'on va devant la justice, il a de quoi prouver que l'ouvrage est entièrement de lui. Au passage, cela veut dire implicitement que les ajouts du Maréchal alourdissaient, en quelque sorte, le propos de son talentueux scribe... et qu'il s'en est prestement débarrassé, concédant diplomatiquement des « dommages » dont on comprend en filigrane qu'ils ne l'ont pas vraiment traumatisé... Pour faire bonne mesure, et alors que la sortie du livre se rapproche, il ajoute : « Au total, il ne se trouve plus rien, dans ces chapitres, dont on ne doive dire à coup sûr : “C’est du *de Gaulle.*” » On notera, au passage, la très haute estime que l’auteur – qui parle de lui à la troisième personne – a de son style littéraire au point de penser que tout un chacun sera capable de le reconnaître. Affirmer cela, c’est solliciter la réalité des chiffres de ses ventes. Son premier ouvrage, *La Discorde chez l’ennemi* – une analyse de la défaite allemande en 1918 –, n’a été vendu qu’à quelques dizaines d’exemplaires (certains achetés d’ailleurs par l’ambassade d’Allemagne). Ses conférences de l’École de guerre, rassemblées en 1932 dans *Le Fil de l’épée*, n’ont guère connu plus d’audience. La Fondation Charles-de-Gaulle rappelle que *Vers l’armée de métier*, paru en 1934, « n’a, en France, qu’un bref succès de curiosité ». Les ventes n’ont pas dépassé les mille cinq cents exemplaires et, à l’ouverture de la guerre, le premier tirage de cet opus controversé n’avait pas encore été épuisé. Quant à *La France et son armée* (1938), c’est l’ouvrage (historique) qui connaîtra le succès relatif le plus marqué, avec six mille exemplaires vendus.

Pour tenter de désarmer l’ire de Pétain, le rebelle ajoute des éléments d’éclairage supplémentaires tout en forçant, un peu, sur le sirop adoucisseur d’ego : « Sans méconnaître, Monsieur le Maréchal, le rôle que jouèrent dans l’élaboration d’une partie de mon livre l’impulsion que vous m’aviez jadis donnée et l’ambiance dans laquelle vous m'aviez placé, je ne puis, je l'avoue, concevoir que cette impulsion, cette ambiance suffiraient à faire d'une telle synthèse “un travail d'état-major”. Sa nature littéraire, historique, philosophique, le tour extrêmement personnel de la pensée et du style, le fait qu'elle vise essentiellement les XVIIe et XVIIIe siècles, et non pas les événements dans lesquels votre activité militaire s'est si glorieusement déployée, ni les problèmes actuels de Défense nationale qui sont du ressort de vos hautes fonctions, donnent à l'étude en question un caractère tout à fait différent de celui que revêt et doit revêtir un travail d'état-major. En un mot, comme les chapitres qui la précèdent et comme ceux qui la suivent, elle n'est pas “rédigée”, elle est “écrite”. » Vient ensuite une tentative de « culpabilisation » du vieux père pour mieux l'amener à résipiscence : en substance, tout cela ne serait pas arrivé s'il s'était montré plus attentif au devenir de son fils (on pense à la non-réponse à sa lettre de candidature de 1934 pour le cabinet du ministre de la Guerre). « Moralement, j'ai reçu des blessures – même de vous, Monsieur le Maréchal –, perdu des illusions, quitté des ambitions. Du point de vue des idées et du style, j'étais ignoré, j'ai commencé de ne plus l'être. Bref, il me manque, désormais, à la fois la plasticité et “l'incognito” qui seraient nécessaires pour que je laisse inscrire au crédit d'autrui ce que, en matière de lettres et d'histoire, je puis avoir de talents. » On reste confondu devant tant d'orgueil alors que, comme nous l'avons dit, la notoriété de Charles de Gaulle reste confidentielle et que son style n'est pas encore de ceux dont les milieux journalistique, militaire ou littéraire puissent dire à coup sûr : « Ah ça, bon sang, mais c'est du de Gaulle ! »

Poursuivant dans une veine casuiste, il tente de convaincre le grand chef de l'idée qu'il y aurait plus de grandeur à rester dans la coulisse qu'à s'exposer pleinement dans la lumière comme le *maître de l'œuvre*. « J'ajoute que, dans ce cas [celui d'une dédicace élogieuse au Maréchal, présenté comme parrain bienveillant de l'ouvrage], suivant une loi classique en la matière, le public vous prêterait, à vous, grand homme qui se tiendrait dans la pénombre, un rôle des plus étendus quant à ce que l'ouvrage peut avoir de mérite. Le fait que vous paraîtriez patronner un talent, et non point l'absorber, serait tenu pour une habile et généreuse discrétion qui recueillerait tous les suffrages. » Tout cela est admirablement tourné et on ne peut être qu'admiratif de l'influence des Jésuites sur la formation intellectuelle du jeune Charles[12].

12. Le jeune Charles de Gaulle est passé par le collège jésuite d'Antoing, en Belgique (1907-1908). Les congrégations ne peuvent

Finalement, de guerre lasse, Pétain accepte un armistice dans cet affrontement en propriété intellectuelle. De Gaulle obtient – presque – ce qu'il veut. La nouvelle réponse du vieil homme est plus amène. Il regrette que son ancien lieutenant ne lui ait pas expliqué tout cela dans son premier courrier, ce qui aurait évité une réplique cinglante de sa part. Conciliant, il se dit ouvert à une solide dédicace préparée par ses soins. Mais chat échaudé… Pour juger de l'exactitude de ce que de Gaulle lui a affirmé concernant le contenu de l'ouvrage, il souhaite avoir en main le manuscrit final. Pour l'auteur, sachant que le livre est pratiquement sous presse, ce serait une catastrophe. Le Maréchal ne manquerait pas de faire toute une ribambelle de remarques pour bien montrer où siège l'autorité suprême. Comment sortir de l'impasse ? Comment éviter une relance des hostilités qui pourrait compromettre la sortie du livre ?

Fin août, les deux hommes, enfin, se rencontrent au domicile privé de Pétain[13]. Ils sont seuls, la maréchale n'est pas là, les domestiques sont en congé. Le Maréchal exige d'avoir le manuscrit en main pour juger par

plus enseigner en France depuis la loi de séparation de l'Église et de l'État (1905).

13. Seul de Gaulle a laissé un récit de leur entrevue.

lui-même de la véracité de ce que son fils émancipé lui a expliqué. L'« écrivain » se cabre et refuse. Le ton monte. Du haut de ses sept étoiles, Pétain lui intime l'ordre formel de lui remettre sa copie. Charles de Gaulle réplique qu'il n'a pas d'ordre à recevoir de lui *en matière littéraire*[14]. Il consent seulement à lui montrer le sommaire. Le vieil homme se radoucit. Il accepte et les deux duellistes abordent la question de la fameuse dédicace censée emballer le produit litigieux. Philippe Pétain sort de sa poche le texte qui permettrait de soigner son orgueil blessé : « À Monsieur le maréchal Pétain – qui a bien voulu, au cours des années 1925-1927, m'aider de ses conseils pour la préparation des chapitres II à V de ce volume (Ancien Régime, Révolution, Napoléon, D'un désastre à l'autre) – j'adresse l'hommage de ma reconnaissance. » La hache de guerre littéraire est-elle enterrée ? C'est mal connaître de Gaulle. Il passe outre l'accord conclu et il livre à son éditeur un autre libellé, il est vrai un peu moins indigeste que celui de Pétain, mais, surtout, profondément inexact…

À Monsieur le maréchal Pétain
Qui a voulu que ce livre fût écrit,

---

14. Herbert R. Lottman, *De Gaulle/Pétain. Règlements de comptes*, Paris, Perrin, 2008.

Qui dirigea de ses conseils la rédaction des cinq premiers chapitres,

Et grâce à qui les deux derniers sont l'histoire de notre Victoire.

Évidemment, le conflit est rouvert et on imagine aisément le général Laure et d'autres officiers fidèles entonner le couplet : « Il n'y a rien de bon à attendre de cet ingrat, vous êtes bien trop conciliant, Monsieur le Maréchal... » Un courrier courroucé repart vers de Gaulle dans le style sec et dactylographié du premier. Assez légitimement, il fait valoir que le patron n'a jamais souhaité que cet ouvrage soit publié. L'affirmer, c'est jouer sur les mots en confondant le premier projet (celui de Pétain) et le second (celui de De Gaulle). Il conteste également l'idée selon laquelle l'un des chapitres (sur les « Origines ») ait reçu la bénédiction de Pétain. Il est donc expressément demandé à l'auteur imprudent et impudent de revenir à la dédicace initiale, objet de l'accord scellé square de La Tour-Maubourg. Pour faire bonne mesure, Philippe Pétain écrit directement à Plon et dévoile ainsi toute l'affaire. Il parle même d'« abus de confiance » et exige que *sa* dédicace soit retenue. On imagine l'embarras extrême de l'éditeur, pris entre ce jeune auteur dont le livre a été accepté sans grand enthousiasme et le maréchal-académicien – ancien ministre, dernier emblème de la Grande Guerre. D'autant que, pour satisfaire l'exigence de ce dernier, il faudrait mettre au pilon tout ce qui a déjà été imprimé pour rééditer le livre avec la *bonne* dédicace. Questionné, de Gaulle noie le poisson en expliquant à Plon qu'il s'agit d'une cabale montée par l'entourage du Maréchal. Il ajoute même, sous le sceau de la confidence, que le vieil homme a des trous de mémoire. De là à dire qu'il est gâteux… Finalement, de Gaulle s'en sort en assurant à Pétain que lors d'une prochaine réédition (une perspective hautement hypothétique !), il sera fait mention de la dédicace *officielle*. On édite même des papillons avec *la dédicace Pétain* censés venir orner les futurs exemplaires mis en vente. Cette dédicace ne verra jamais le jour et l'ancienne sera évidemment supprimée à la Libération. En revanche, l'homme du 18 Juin ne retouchera pas les éloges qu'il a écrits à propos du *grand* général de la Première Guerre mondiale.

Dans son bureau, Philippe Pétain peste contre cet ancien disciple qui lui a imposé cette gymnastique indigne à ses yeux d'un maréchal de France. Son entourage fait chorus. Il n'est plus nécessaire de prendre des gants pour dire du mal du Connétable. La rupture est définitivement consommée, si elle ne l'avait pas été, déjà, en 1934 lors de l'affaire de la non-entrée du rebelle dans son cabinet ministériel.

Une anecdote rapportée dans le livre de Jean Lacouture[15] le montre à l'évidence. Un mois après la sortie du livre, le directeur de l'École libre des sciences politiques, Roger Seydoux, se dit que cet auteur militaire brillant ferait un parfait conférencier pour initier ses élèves aux affaires militaires. Il a lu *La France et son armée* et il y a vu la matière idoine à un enseignement fécond. Le livre pourrait servir de manuel du cours oral. Ayant lu la dédicace de l'ouvrage, il consulte naïvement le maréchal Pétain, le parrain de l'œuvre, pour savoir si l'idée lui semble bonne. À sa grande surprise, le couperet tombe : « Je connais bien le colonel de Gaulle. C'est un ambitieux et un homme dépourvu d'éducation. J'ai largement inspiré son dernier livre. Il l'a rédigé sans me consulter. [...] C'est moi qui dirigerai personnellement le cours que vous prévoyez de créer, assisté par des officiers de mon état-major. [...] Mais je prononcerai personnellement la leçon inaugurale, dès la rentrée. » Seydoux tombe des nues et ne peut qu'accepter la proposition, ou plutôt l'ordre de l'auguste personnage. Pétain tient d'ailleurs parole et s'exécute avec un plaisir manifeste dans le grand amphithéâtre de Sciences

15. Jean Lacouture, *op. cit.*

Po plein à craquer. Il y fait une conférence magistrale sur la Grande Guerre sans citer une seule fois ni le nom de Joffre ni celui de Foch. La vengeance est un plat… Autre signe de la glaciation des relations : en octobre 1938, Pétain et de Gaulle se retrouvent invités au mariage de Jeanne Giraud, la fille du général Giraud. De Gaulle est alors sous les ordres de ce dernier (qu'il aura dans les pattes à partir de 1942 en Afrique du Nord). Le Maréchal, quant à lui, est le témoin de la mariée ; le colonel de Lattre de Tassigny, celui du marié. Le gratin militaire est présent. Et chacun peut constater que les deux anciens intimes s'évitent soigneusement.

Cette querelle en paternité littéraire en cache une autre beaucoup plus sérieuse (encore que…). Elle concerne la vision militaire la plus à même de protéger le pays face à la montée des périls (Adolf Hitler est arrivé au pouvoir en janvier 1933). Pour de Gaulle, Pétain, ce visionnaire d'hier qui a pesé et pèse encore de tout son poids sur le système de défense de la France, reste aveugle à la révolution du moteur cuirassé. L'homme de la défensive s'est coulé dans le béton de l'esprit Maginot, pense-t-il. Et le haut état-major, toujours aussi Panurge, lui a emboîté le pas. Le prophète de 1911 serait désormais atteint de cécité, voire de sénilité. Sur ce point, il faut toutefois apporter quelques nuances. Pour Pétain, le tank reste l'outil de

1918, une sorte d'artillerie cuirassée mobile au service de ce qui reste à ses yeux la reine des batailles : l'infanterie. Il ne parvient pas à concevoir un retournement de paradigme avec les chars placés devant, regroupés en unités puissantes, performantes et perforantes parce que servies par des soldats de métier. En revanche, il perçoit parfaitement le rôle stratégique que l'aviation pourrait avoir dans un conflit moderne en portant ses feux loin dans la profondeur du dispositif ennemi. « L'avion, en portant la destruction jusqu'aux centres vitaux les plus éloignés, fait éclater le cadre de la bataille, limité autrefois à la portée des coups de l'artillerie, et modifie les conditions de l'action stratégique. Les règles essentielles de l'art militaire risquent d'en être profondément atteintes. On peut même se demander si l'avion ne dictera pas sa loi dans les conflits de l'avenir », dit-il en avril 1935, lors d'une remise de Légion d'honneur. C'est plutôt assez bien vu.

De son côté, de Gaulle a parfaitement saisi le fait qu'un corps cuirassé servi par des professionnels pourrait révolutionner l'art de la guerre moderne. Dans une lettre d'avril 1935 au général Alléhaut, qui campe sur les mêmes positions, il résume bien l'esprit de son livre *Vers l'armée de métier* (1934) :

Mon Général,

[...] J'ai vu que, quant au fond, j'ai l'honneur et l'avantage de me rencontrer avec vous sur trois points essentiels : 1° la nécessité d'un renforcement puissant de l'armée active [souligné dans le texte] et celui d'un renforcement des vieilles idéologies sur la nation armée et la valeur sacrée des réserves ; 2e le besoin chaque jour plus éclatant d'un instrument de manœuvre d'élite [souligné dans le texte], mécanisé, à base de chars et susceptible d'agir sans délai avec une puissance et une aptitude à la surprise, dont rien de ce qui s'est passé depuis cent ans ne peut donner même l'idée ; 3e l'emploi (à prévoir d'avance) de cet instrument avec l'aviation que vous appelez si justement [aviation] de ligne [souligné dans le texte].

Au demeurant, je ne vous cache pas, mon Général, et sans doute l'avez-vous vu, que vos précédents ouvrages ont beaucoup influé sur mes propres conceptions. En particulier *Motorisation et guerre de demain*[16]. Quant à la composition de l'instrument de manœuvre à créer, je me risque, mon Général, à persévérer dans ma théorie[17]. Je crois que le Corps de

---

16. Le colonel de Gaulle commet une petite erreur sur le titre précis du livre du général Alléhaut paru en 1929 chez Berger-Levrault : il s'agit de *Motorisation et armées de demain.*

17. Le colonel de Gaulle croit à la nécessité de professionnaliser les soldats qui serviraient dans le corps blindé français de façon à en faire un instrument de très haute valeur militaire (comme il l'explique dans sa lettre). Son armée idéale est donc mixte, mi-professionnelle/mi-conscription. Le général Alléhaut est réticent, pas tant sur l'idée

manœuvre sera professionnel pour la plus grande partie ou qu'il ne sera qu'une cote mal taillée. Je ne crois que dans des unités pareilles, et qu'il faut tenir constantes dans leur forme et capables d'agir avec le maximum de vigueur dès le premier choc, formées d'hommes du contingent incorporés ou libérés par masses au moins [illisible] et qui comprennent « le char ». À mon sens, un tel outil de choix implique un esprit [souligné dans le texte] du personnel analogue à celui de notre ancienne chevalerie ou de la vieille Garde de l'Empire. Un esprit militaire de haute qualité : affamé de profession bien comprise et d'émulation surexcitée comme il faut.

De toute manière, il me semble que vous, mon Général, et modestement moi-même n'aurons pas combattu en vain. Il y a en ce moment, dans tous les milieux, un progrès de telles idées qui est vraiment saisissant et qui permet d'espérer la victoire proclamée du bon sens sur les routines et les préjugés.

Je vous prie de bien vouloir accepter, mon Général, l'assurance de mon très respectueux et reconnaissant dévouement[18].

---

que sur le fait que la classe politique française lui semble incapable d'admettre cette idée, tant la peur d'une dictature militaire est forte dans les esprits. Il juge donc l'idée gaullienne impossible à mettre en œuvre dans une IIIe République mentalement figée dans un pacifisme aveugle hérité de la Grande Guerre.

18. L'auteur, alors conseiller du ministre de la Défense (1995-1997), a fait préempter par l'État cette lettre inédite passée en ventes aux enchères à Drouot. Le président de la République, Jacques Chirac, l'a installée personnellement sur le bureau du

Charles de Gaulle ne perçoit pas que le vrai changement de dimension vient du couple avion-blindé. À sa décharge, le retard considérable des transmissions françaises pénalise ce type de concept[19]. Pour faire marcher ce duo terrible, qui va imposer la guerre éclair en 1939-1940 (Blitzkrieg), il faut des avions et des tanks qui puissent se parler et se coordonner. « En un sens, Pétain et de Gaulle avaient une vision borgne de la future guerre, à la différence des stratèges allemands, relève Herbert R. Lottman[20]. Sans doute parce que leur horizon stratégique différait : de Gaulle avait en tête des opérations outre-Rhin, dans une logique préventive et offensive[21] ; Pétain se focalisait sur la défense

général de Gaulle à l'hôtel de Brienne le 12 juillet 1996. Voir Pierre Servent, *Les Présidents et la guerre*, Paris, Perrin, 2017 ; rééd. coll. « Tempus », 2019.

19. L'arme du génie, en charge par sa section « travaux » de la construction de l'ouvrage d'art qu'est la ligne Maginot, consomme des crédits toujours plus considérables durant l'entre-deux-guerres. Or, les transmissions lui sont rattachées, handicapant par là même toute chance de développement (leurs boutons d'arme partagent les mêmes attributs symboliques). Au final, les Allemands surpasseront largement les Français en matière de transmissions par ondes.

20. Herbert R. Lottman, *op. cit.*

21. Ce choix était également cohérent avec la posture diplomatique française qui avait multiplié les accords militaires de réas-

du territoire français, dans une logique d'attrition où il s'agissait de contenir et d'épuiser l'assaut ennemi. »

S'agissant du rôle révolutionnaire du char, que Pétain ne peut ou ne veut pas intégrer dans son schéma, on peut avancer l'hypothèse que la « trahison » du fils chéri l'a peut-être renforcé dans son conservatisme et sa frilosité à son endroit. Le génie, comme l'humour, ne peut, pour le Pétain de cette époque, que s'écouler du haut vers le bas. Le futur « colonel Motor[22] », appliquant l'ancienne méthode de son mentor – la lucidité prime le grade –, n'en a cure. D'ailleurs, prenant acte de sa perte de statut de favori de Pétain, il a changé de cheval et accroché son étoile à celle du civil Paul Reynaud[23], l'astre montant du centre droit versé dans les

---

surance en faveur des pays d'Europe centrale alliés de la France. Comment les mettre en œuvre sans outil militaire pour se porter à leur secours en cas d'attaque ?

22. Surnom donné par la presse au colonel Charles de Gaulle.

23. Sachant qu'il ne peut progresser sans protection, il demandera directement à Reynaud d'user de son influence pour le nommer colonel. Il interviendra encore auprès de lui pour passer général et prendre le commandement d'un corps cuirassé. Sans cet appui politique décisif, de Gaulle serait resté lieutenant-colonel. On ne suit pas le point de vue d'Herbert R. Lottman, qui estime que de Gaulle n'a pas cherché un nouveau protecteur. Tout prouve le contraire. Et Paul Reynaud, à la fois homme politique pugnace et esprit ouvert, était un personnage qui pouvait aider

questions économiques. Ce patriote pugnace se penche sur les questions de défense dans les années 1930 et « achète » les thèses de De Gaulle sur la construction d'unités mécanisées formant un poing d'acier.

En 1935, lors d'une réunion amicale, Charles de Gaulle ne fait pas mystère de la façon dont il déploie sa stratégie d'influence pour faire avancer ses idées… et lui-même : « On ne peut réformer l'État actuel, constate-t-il. Il est ce qu'il est. Ma solution consiste à lier partie avec un homme politique d'envergure susceptible d'être appelé à la direction des affaires, à lui faire comprendre les conceptions militaires modernes, à lui servir de conseiller technique. Le jour où cet homme politique parviendra au pouvoir, il y entraînera son conseiller militaire qui pourra alors faire prévaloir ses vues[24]. » L'année suivante, il écrit d'ailleurs à sa nouvelle locomotive Reynaud : « Le jour n'est pas loin où il faudra bien que le pays se tourne vers *nous* [souligné par nous]. Mais vous ne ferez de politique nouvelle qu'avec un *gouvernement d'hommes nouveaux* [souligné par nous][25]. » Cette fois, de Gaulle perce ouvertement

---

de Gaulle sur tous les plans. Les deux hommes se rencontrent pour la première fois en décembre 1934.

24. Jean Lacouture, *op. cit.*

25. *Ibid.*

sous Charles. On voit bien dans la prose gaullienne ce glissement assez téléphoné vers le « nous » et vers les « hommes nouveaux ». Une nouvelle fois, l'immodeste colonel fait preuve d'un certain culot : c'est tout juste s'il ne félicite pas Reynaud de l'avoir trouvé, lui, de Gaulle, pour le succès de sa propre carrière politique. Nous verrons qu'il franchira ce cap un peu plus tard.

Pour l'heure, tout le Landerneau militaire, ou presque, se gausse des thèses fumeuses de cet officier qui ne peut progresser que sous l'aile d'un puissant, fût-il un « simple » civil. Cela va peser lourd sur l'image du futur auteur de l'appel du 18 Juin. Et comme par ailleurs le temps ne cessera de lui donner raison, il sera aisé de se cramponner à cette mauvaise réputation pour tenter de démonétiser le prophète lucide d'hier. « De Gaulle se frotte trop à la politique. Ce n'est pas le rôle d'un soldat. Il est atteint d'un orgueil cosmique », enrage un Pétain vexé de voir son ancien poulain courir sous la casaque d'un autre. Et c'est effectivement Paul Reynaud qui va désormais s'échiner à assurer la promotion du « visionnaire incandescent[26] » contre une hiérarchie de plus en plus rétive.

De Gaulle n'est pas en reste en matière de critiques envers son ancien protecteur. Il voit avec consterna-

---

26. Pierre Servent, *Les Présidents et la guerre*, *op. cit.*

tion qu'il ne cesse d'accumuler les fonctions les plus diverses. Ses titres et honneurs ne tiennent plus sur une carte de visite. « Désintérêt sénile de tout, ambition sénile de tout », avait-il asséné très tôt. Quand Pétain est nommé ambassadeur en Espagne en mai 1939[27], Charles de Gaulle l'enterre d'une pelletée de terre prémonitoire : « Il acceptera n'importe quoi tant le gagne l'ambition sénile. C'est terrible et lamentable. Il n'est plus en état d'assumer des responsabilités. » Un autre officier ne dit pas autre chose. Le capitaine Bonhomme est auprès de Pétain depuis plus de quinze ans. Il aime son patron et le respecte, mais, le suivant à Madrid, il mesure bien que la vieillesse (Pétain a 83 ans) est un naufrage, selon une future et célèbre formule de De Gaulle. « Tout a réussi au père Pétain. Mais maintenant, je tremble. J'ai peur qu'il ne soit porté au pinacle[28]. On gravite autour

27. Le chef de file de la SFIO, Léon Blum, regrette alors dans *Le Populaire* que l'on dépêche auprès d'un sinistre dictateur un maréchal de sa dimension : « Le plus noble et le plus humain de nos chefs militaires n'est pas à sa place auprès du général Franco. » Quelques années auparavant, un autre socialiste, Pierre Cot, s'extasiait : « Il faut avoir vu cette chose étonnante, le regard du maréchal Pétain » (*Vu*, novembre 1935).

28. Une campagne de presse bat son plein en France sur le thème « C'est Pétain qu'il nous faut ! ». Il figure de plus en plus le recours dans une France de la IIIe République finissante et impuissante face à la montée des totalitarismes.

de lui pour le pousser au pouvoir. Le père Pétain ne fait plus le poids. Il devrait rester dans son coin, aller se chauffer au soleil de sa propriété du Midi. Il ne faut même pas tout lui dire. Il devient capable des pires gaffes diplomatiques. L'homme est fini. Il se mélange les esprits. Le père Pétain est un caillou qui a beaucoup roulé. Il est usé comme la pierre du chemin. Triste, triste[29] ! », constate Bonhomme dans un mélange de tendresse et de consternation.

De sa résidence espagnole, l'ambassadeur de France ne partage évidemment pas ce sentiment. Il se régale à distance de voir son nom apparaître dans bien des bouches françaises. La montée des périls appelle la protection de figures tutélaires. Le vieux maréchal au visage marmoréen est l'une d'entre elles, peut-être la seule qui donne le sentiment (faux) de pouvoir protéger les Français de la fureur des dieux teutoniques. Vanité des vanités... L'homme conserve de lui une très haute estime. Comme il arrive parfois à d'anciennes gloires sur le retour, il est on ne peut plus flatté de voir que l'on s'intéresse chaque jour davantage à lui. La renommée n'est-elle pas fille de l'immortalité ? Le 21 septembre 1939, dans une lettre envoyée d'Espagne à une amie, il lui conseille de lire une coupure de

29. Jean Lacouture, *op. cit.*

presse française qui l'encense en détaillant longuement sa magnifique biographie : « Il est bon que vous ayez sous les yeux la liste des services que j'ai déjà rendus à mon pays et que, peut-être, je lui rendrai encore si je conserve la santé. » Il est si heureux de cet article, lui le *grand modeste*, qu'il le découpe et l'envoie à une autre amie (toujours les femmes...), quelques semaines plus tard, en lui suggérant de l'archiver pour la postérité[30]. D'Espagne, il correspond régulièrement avec le fidèle général Laure. Il s'inquiète tout particulièrement du moral des soldats alors que la « drôle de guerre » fait... rage[31]. Bref, il s'informe, se tient prêt en coulisse pour un éventuel retour en scène. Il ne complote pas[32]. Il n'en a pas besoin. Un « vent mauvais » souffle

---

30. Lettres envoyées à Marie-Antoinette Pardee et Hélène de Castex. Voir Bénédicte Vergez-Chaignon, *Pétain*, *op. cit.*

31. *Ibid.*

32. Durant le procès de Philippe Pétain devant la Haute Cour de justice (été 1946), l'accusation tentera d'étayer l'idée d'un complot pour prendre le pouvoir, monté de longue main par le Maréchal et ses affidés. Très versés dans ce registre, les communistes vont, notamment, s'acharner à tenter de démontrer cette thèse conspirationniste. En vain. Le plus grave, c'est que Pétain n'a même pas eu à comploter contre la République (même s'il manœuvre pour supplanter Reynaud et engager le processus d'armistice). C'est le ressort tout entier du pays qui était délité (voir Marc Bloch, *L'Étrange Défaite*). Le Maréchal ne ment pas quand il dit alors

dans son sens. Le vieux cabot n'a pas tiré sa révérence, il se prépare en coulisse, même si ceux qui lui sont proches doutent désormais de ses potentielles performances d'acteur. Qu'importe ! Le maréchal de Verdun demeure une figure française incontournable, comme on dit aujourd'hui. Il est adulé par les cercles anciens-combattants, encensé par la presse et le monde politique, tout particulièrement par la gauche, espéré par la droite et rêvé par l'extrême droite. Comme on l'a vu, seuls ses intimes connaissent la réalité de son désordre intérieur. Comment la faire partager ? Peut-on démonter de son vivant une statue de bronze que tout le monde adule et que la guerre va consacrer ?

Le colonel de Gaulle, pour sa part, ne jouit que d'une petite notoriété dans les cénacles réformateurs et ses livres n'ont rencontré que des succès d'estime (à l'exception, nous l'avons dit, de *La France et son armée*[33]). Comme en 1912, la relation demeure donc toujours profondément asymétrique entre les deux hommes. En tant que personnages symboliques, l'un est encore un pygmée, l'autre un géant. L'ironie de

---

que l'on est venu le chercher – Laval manœuvrant dans ce sens avec une science consommée des combinaisons parlementaires que Pétain disait détester.

33. On ne peut complètement écarter l'idée que la dédicace au maréchal Pétain ait poussé les ventes.

l'histoire est que celui qui était le mieux armé intellectuellement pour percevoir le caractère prophétique de De Gaulle, celui qui fut en quelque sorte son « inventeur », était désormais, par dépit affectif, inscrit aux abonnés absents. Le rénovateur insolent de 1911 a laissé place trente ans plus tard à un conservateur obtus chérissant les honneurs et l'encens, incapable de lire avec pertinence les récents événements internationaux malgré son poste d'ambassadeur à Madrid. Cela aurait pu se terminer là, l'encore beau Philippe Pétain se desséchant doucement sur pied dans quelque poste honorifique doté d'une bonne table et de quelques solides gratifications. Mais cette nouvelle guerre va remettre sur orbite l'astre ancien et marginaliser la comète naissante… avant l'inversion des pôles qui produira un nouvel alignement de planètes. En 1940, les deux galaxies pétainiste et gaullienne n'appartiennent plus au même système de gravitation. Pétain est un astre centripète ; de Gaulle une étoile centrifuge. Le premier va devenir un astre mort, l'autre une étoile s'inscrivant pour longtemps dans le firmament national.

Acte 4
Le duel

« Bien connaître quelqu'un, c'est l'avoir aimé et haï. »
Marcel Jouhandeau

« L'homme génial, c'est l'homme capable de tout. »
Jean Cocteau

Le 3 septembre 1939, la Grande-Bretagne et la France déclarent la guerre à l'Allemagne nazie qui a envahi la Pologne sans déclaration d'hostilités deux jours plus tôt. La Seconde Guerre mondiale commence (même si elle n'est pas encore mondiale : les États-Unis et le Japon, notamment, ne sont pas encore engagés). Le 2 septembre, le colonel de Gaulle s'est vu confier le commandement des chars de la 5e armée (front d'Alsace). C'est un beau commandement… sur le papier. Ses blindés sont dispersés. C'est l'éternel « saupoudrage » des cuirasses qu'il ne cesse de dénoncer depuis le début des années 1930. Constatant l'effondrement éclair des forces polonaises après seulement un petit mois de combat, il tente de convaincre les politiques français de se réveiller de leur torpeur stratégique et tactique[1]. « Je joue mon rôle dans une atroce mystification. Les quelques douzaines de chars légers qui sont rattachés à mon commandement sont une poussière. Je crains que l'enseignement de la Pologne, pourtant si clair, n'ait été récusé de parti pris. On ne veut pas que ce qui a été réussi là-bas soit exécutable ici. Croyez-moi, tout reste à faire chez nous. [...] Si nous ne réagissons pas à temps, nous perdrons misérablement cette guerre. Nous la perdrons par notre faute. Si vous êtes en mesure d'agir de concert avec Paul Reynaud, faites-le, je vous en conjure ! », confie-t-il au socialiste Léon Blum, en le raccompagnant après un dîner[2]. Il prévient au passage

1. Conformément au protocole militaire secret additionnel au traité d'amitié germano-soviétique, les troupes bolcheviques ont envahi également la Pologne par sa façade orientale, précipitant ainsi la chute du pays.

2. Jean Lacouture, *op. cit.* Le chef de file socialiste s'intéresse aux thèses du « colonel Motor » depuis plusieurs années. Il l'avait reçu à l'hôtel Matignon en 1936, quand il était président du Conseil. Il voulait mieux comprendre sa théorie sur les chars. Blum n'avait pu que constater l'incompatibilité des vues militaires de

l'ancien président du Conseil qu'il ne restera pas inerte de son côté et qu'il a bien l'intention de faire passer à qui de droit un mémorandum sur les enseignements à tirer de la catastrophique campagne polonaise.

En attendant l'épreuve de vérité sur le sol français, le « colonel Motor » doit subir les jugements lapidaires des journalistes venus en goguette sur le front durant la « drôle de guerre ». Alors qu'il regrette, devant le directeur du *Figaro*, l'inertie de la période, très sûr de lui le journaliste le reprend : « Ne voyez-vous pas que nous avons, d'ores et déjà, gagné la Marne blanche[3] ? » Devant tant de sottise, il décide de passer la vitesse supérieure. Au mois de novembre 1939, le prophète fait remettre à ses chefs, par la voie hiérarchique, une note détaillant les enseignements de la méthode allemande en Pologne. Ses conclusions rejoignent, sans qu'il le sache, celles du général Billotte qui commande le groupe d'armées I : il faut créer rapidement de grandes unités cuirassées capables d'attaques fulgurantes. La « note de Gaulle » franchit les différents échelons de la hiérarchie pour

---

son interlocuteur (notamment la professionnalisation des troupes servant les chars) avec les tables de la loi pacifistes de la SFIO.

3. L'expression « Marne blanche », qui se veut subtile, est utilisée dans le sens d'une victoire équivalente à celle de la Marne en 1914... mais sans que le sang ait eu à couler. « Charles de Gaulle militaire », *Revue historique des armées*, n° 2, 1990.

aboutir sur le bureau du général Georges, n° 2 de l'armée en charge des opérations. Celui-ci note en marge : « Intéressant, mais la construction n'est pas à la hauteur de la critique. Faire étudier[4]. »

Pourtant, il n'est plus temps de « faire étudier ». Il faut agir, mais l'armée semble prise de léthargie depuis une décennie. Au début des années 1930, le futur général André Beaufre constatait en arrivant à l'état-major : « La préoccupation essentielle de nos chefs était la forme des papiers. » Rien de vraiment surprenant à cela quand on sait comment était formée à l'École de guerre la future élite militaire française qui se retrouvait ensuite dans les états-majors : « Le vide de l'École provenait de ce qu'on y enseignait une doctrine étroite où la tactique […] prenait l'aspect d'un devis d'ingénieur. C'était technique et commode, voire rassurant, mais foncièrement faux », déplore le même témoin[5]. On songe à Marc Bloch et son édifiant livre sur *L'Étrange Défaite* (éditions Franc-Tireur), qui *de visu* constate en tant qu'officier de réserve la mollesse insigne du commandement, le refus d'obstacle face

4. Voir l'excellente biographie du général Alphonse Georges par Max Schiavon (Parçay-sur-Vienne, éditions Anovi, 2009).

5. André Beaufre, *Le Drame de 1940*, Paris, Plon, 1965 ; rééd. Paris, Perrin, 2020. Devenu général, il publiera de nombreux livres sur la stratégie, le nucléaire et la guerre révolutionnaire.

à cette guerre, l'impréparation des forces à la guerre rapide et l'abrutissement du peuple français (par une propagande soporifique), convaincu que la France gagnera parce qu'elle est la plus forte…

Normalement, le poids du « réel polonais » aurait dû conduire le haut commandement à revoir sa copie afin de former en toute hâte de grandes unités cuirassées capables de rivaliser avec les panzers. Mais cela bouleverse par trop l'organisation rigide de l'armée française[6]. Les Britanniques ne sont guère mieux lotis. Ce qui va détruire ces deux armées imbattables sur le papier en mai-juin 1940, ce n'est pas seulement le concept allemand du coup de poing d'acier concentré en un point, c'est surtout la question du tempo inédit du conflit. La France, tout particulièrement, vit la guerre à un rythme dépassé. Elle bat la mesure à contretemps comme en 1870 et en 1914. Ce décrochage, cette inadaptation, le maréchal Pétain en porte une part de responsabilité indéniable, même s'il renvoie systématiquement la charge de la faute vers le politique.

6. À l'époque, les chars français relèvent soit de la cavalerie, soit de l'infanterie. Les unités de chars de la cavalerie ont été regroupées en trois divisions légères mécaniques (DLM). Les chars de l'infanterie sont ventilés soit au sein de bataillons autonomes (une quarantaine de chars), soit destinés à rejoindre de futures divisions cuirassées (DCR) qui ont bien du mal à émerger.

Politique, il l'a été pourtant en 1934 en acceptant le ministère de la Guerre. Pendant une dizaine d'années, « [Pétain] exerce son action avec autorité et continuité [...], ce qui renforce sa responsabilité dans le résultat final », souligne Bénédicte Vergez-Chaignon dans sa magistrale biographie du Maréchal[7]. Cette responsabilité, remarque l'historienne, est d'autant plus lourde qu'il avait identifié très tôt le renouveau de la menace allemande. En 1934, ce pourfendeur du politique a accepté d'en devenir un. L'un de ses proches collaborateurs, le général Conquet, lui fait alors valoir assez courageusement qu'il ne pourra désormais plus renvoyer la charge des erreurs commises sur cette caste. Pétain s'en moque. La faute, c'est toujours celle des autres... qui ne l'écoutent pas.

S'agissant de cette parenthèse ministérielle, Pétain est, notamment, épinglé dans les ouvrages qui lui sont consacrés pour une phrase malheureuse. La citation est souvent tronquée. Mais, même donnée dans son entièreté, elle est accablante pour la sagacité du grand homme. Entendu par la commission de l'armée du Sénat en 1934, il explique à propos des Ardennes (qui ne sont pas totalement couvertes par la ligne

7. *Op. cit.* De 1920 à 1931, il est le généralissime de temps de paix.

Maginot) : « Les forêts des Ardennes sont impénétrables [généralement la citation s'arrête là] *si on y fait des aménagements spéciaux* [souligné par nous]. Par conséquent, nous considérons cela comme une zone de destruction [de l'ennemi]. Ce front n'a pas de profondeur, l'ennemi ne pourra pas s'y engager. S'il s'y engage, on le repincera à la sortie des forêts. Donc ce secteur n'est pas dangereux. » Fascinés, les sénateurs ont trouvé cette formule du « repincé à la sortie » délicieuse et tellement dans le style direct du Maréchal. Le problème est que les divisions de panzers passeront justement par là six ans plus tard et qu'elles ne seront pas « repincées » à la sortie. On ne trouve d'ailleurs pas, lors du ministère Pétain, de fermes décisions relatives à ces indispensables « aménagements spéciaux ». Les ministres suivants ne seront guère plus prévoyants. Trop peu, trop tard : lors de l'offensive du 10 mai 1940, les tankistes allemands seront sidérés de constater que dans toute cette partie du front, où ils caracolent, les chantiers en cours pour le renforcement des lignes sont très nombreux, comme si la France avait pris son temps, alors même qu'elle est en guerre depuis plus de huit mois[8]. À la décharge (relative) du

---

8. Jacques Benoist-Méchin, *La Moisson de quarante*, Paris, Albin Michel, 1941.

Pétain de 1934, les divisions de panzers n'étaient pas encore sur pied à l'époque. En outre, bien peu ont vu la vulnérabilité de la zone. Un général se détache par sa lucidité. En mai-juin 1938, le général André-Gaston Prételat, commandant en chef de la 2e armée, décide de vérifier si le dogme immobiliste de 1934 tient toujours. Il fait réaliser un exercice très réaliste dans lequel il fait jouer la manœuvre que les Allemands conduiront en 1940 en concentrant une masse considérable de chars sur les petites routes « impénétrables » des Ardennes. Au débriefing de l'exercice, ce général parvient à la conclusion que des chars pourraient passer cet obstacle naturel et atteindre la Meuse en soixante heures. Quand le général Gamelin, chef d'état-major général, apprend les résultats, il accuse Prételat de « jouer le pire ». Les panzers mettront un peu plus de temps pour atteindre la Meuse et la déferlante, une fois cette brèche humide franchie, sera dévastatrice pour les troupes françaises et britanniques qui seront fauchées dans le dos (elles sont montées précipitamment vers la frontière belge, tombant ainsi dans le piège allemand tendu par une fausse offensive déclenchée dans ce secteur).

Pour revenir à la note de De Gaulle de novembre 1939, il y a une autre raison au *non possum* du grand état-major. En réalité, l'armée française n'a tout simplement pas les moyens de cette ambition. Pour regrouper les bataillons de chars en brigade ou en division – afin d'avoir un fer de lance acéré –, il faut tout un accompagnement. Si on veut engager ce type d'unités avec une certaine autonomie, elles ont besoin d'un environnement spécifique – camions-citernes pour le ravitaillement en carburant, ateliers mobiles de réparations, transports de munitions pour réapprovisionner les chars, artillerie motorisée pour porter le feu au plus loin sur les concentrations blindées adverses… – qui fait entièrement défaut. Le « à étudier » du général Georges signe un constat d'impuissance autant qu'il est le fruit d'une profonde erreur d'analyse : la guerre va durer longtemps, donc on aura largement le temps de s'adapter… Dans les couloirs de l'état-major, certains petits esprits se vengent au passage de De Gaulle l'infatué. Il serait un « daltonien qui parle des couleurs ». Pour un autre, son analyse ne tient pas la route : « La France n'est pas la Pologne. Ici les blindés seront cloués au sol ! » De Gaulle enrage et, comme à l'époque de son mauvais classement à l'École supérieure de guerre, il traite les grands chefs (Pétain en tête) de « sinistres imbéciles », d'« idoles de la médiocrité » et, carrément, de « cons ». Dans ses courriers à ses amis, il affiche son « mépris » absolu pour eux. Il persiste et signe : « Créer le corps spécialisé [cuirassé], c'est mettre un feu au bout d'une lance. Diluer les engins mécaniques, c'est y mettre une pelote d'épingles. » L'image a le mérite de la clarté et se révélera d'une tragique prescience. Il sait qu'il n'a plus rien à attendre de Pétain. La protection du grand chef s'est transformée en une défiance tenace. Tous ceux que de Gaulle a frustrés, blessés, incommodés, méprisés, agacés (ils sont nombreux) savourent ce renversement du sort. Ils veulent d'autant moins entendre la voix de la sagesse que l'émetteur est un personnage à la personnalité grésillante… Mais il en faut plus pour l'abattre. Il développe en 1940 la même opiniâtreté à défendre ses thèses que Pétain en mettait pour asseoir les siennes dans les années 1911-1914.

Voyant que sa note ne suscite aucune réaction sérieuse du grand quartier général, il passe encore à la vitesse supérieure. Le 26 janvier 1940, alors que la « drôle de guerre » bat son plein, il fait parvenir son mémorandum sur les enseignements polonais à quatre-vingts personnalités du monde politique et militaire :

> À aucun moment, le peuple français ne doit sombrer dans l'illusion que l'immobilité militaire actuelle serait conforme au caractère de la guerre en cours. C'est le contraire qui est vrai. Le moteur confère aux moyens de destruction modernes une puissance, une vitesse, un rayon d'action tels que, le conflit présent sera tôt ou tard

marqué par des mouvements, des surprises, des irruptions, des poursuites dont l'ampleur dépasseront infiniment celles des plus fulgurants événements du passé. [...] Le conflit qui a commencé pourrait bien être le plus étendu, le plus complexe, le plus violent de tous ceux qui ravagèrent la terre. La crise politique, économique, sociale, morale dont il est issu revêt une telle profondeur et présente un tel caractère d'ubiquité qu'elle aboutira fatalement à un bouleversement complet de la situation des peuples et de la structure des États. Or, l'obscure harmonie des choses procure à cette évolution un instrument militaire – l'armée des machines – exactement proportionné à ses colossales dimensions. Il est grand temps que la France tire la conclusion. L'occasion était trop belle, car ses 110 divisions auraient pu ne faire qu'une bouchée des 23 divisions allemandes tenant la ligne Siegfried[9].

Combien parmi ces « personnalités » ont porté attention au « papier » de cet officier acariâtre qui se pique de prédire l'avenir ? En lisant de Gaulle,

9. Celle-ci fait face, du côté allemand, à la ligne Maginot. Hitler a donné l'ordre de ne mener aucune action sur le front français tant que la campagne de Pologne n'est pas terminée : la « drôle de guerre » qui commence sert ses plans. La France possédait à l'ouest un énorme avantage numérique (à cinq contre un) face à l'Allemagne occupée en Pologne.

on est confondu par la clarté de son analyse et par sa capacité d'anticipation. Tout ce qui est décrit deviendra malheureusement réalité dans la guerre qui vient. Cette démarche intempestive ne fait qu'irriter le haut commandement. Une fois de plus, on trouve ce colonel bien insolent et fort peu respectueux du devoir de réserve. Pétain ironise : « Et que deviendront les chars allemands s'ils arrivent dans la région parisienne ? » Et tout le monde de s'esclaffer autour de lui en songeant à cette hypothèse des plus saugrenues. Comme d'habitude, de Gaulle est blacklisté, à la fois pour les étoiles de général et pour le commandement important auquel il aspire[10]. Pétain, toujours lui, n'a-t-il pas critiqué vertement son idée de créer un corps professionnel dévolu aux unités de chars constituées ? Les premiers pas de la nouvelle guerre ne le font pas dévier de sa ligne « Maginot » mentale. Pour lui, 1940 se lit au pupitre de 1918. Depuis 1870, l'état-major a toujours une guerre de retard.

Le général Maxime Weygand n'est guère plus tendre à l'égard de De Gaulle. Il le considère davan-

10. Aussi écrit-il directement à Paul Reynaud pour obtenir le grade de général de brigade et le commandement d'une division de blindés en cours de constitution.

tage comme un « journaliste » [*sic*] que comme un officier. Pourtant, le généralissime – qui a pris la main derrière un Gamelin complètement dépassé par les événements du mois de mai – sera bien obligé de lui décerner une croix de guerre avec une belle citation à la suite de ses actions offensive sur l'Aisne (Montcornet) et la Somme (Abbeville). En lui confiant son commandement, le 11 mai 1940, le général Alphonse Georges lui avait dit : « Allez de Gaulle ! Pour vous qui avez, depuis longtemps, les conceptions que l'ennemi applique, voilà l'occasion d'agir[11]. » Une semaine plus tard à Montcornet (Aisne), au nord-est de Laon, il lançait une offensive brutale avec sa division incomplète contre ce point névralgique où se trouvait l'état-major du corps blindé de Guderian ainsi qu'une partie du soutien de la Ire Panzerdivision. Les Allemands furent complètement surpris par cette attaque inattendue. Les chars de De Gaulle récidivent deux jours plus tard sur Crécy-sur-Serre, avec quelques succès momentanés. Dans les deux cas, ses forces se voient freinées puis repoussées, notamment par la chasse allemande omniprésente. Plus tard, ses adversaires militaires et politiques lui feront reproche de ne pas avoir coordonné son attaque avec l'aviation

11. Charles de Gaulle, *Mémoires de guerre*, *op. cit.*

française. Son caractère solitaire lui aurait ainsi fait perdre une occasion de franche victoire tactique sur les Allemands. « C'est là une des différences fondamentales avec Guderian pour lequel chars et avions formaient un couple indissociable », note l'historien allemand Karl-Heinz Frieser[12], qui ajoute aussitôt, pour dédouaner de Gaulle : « Néanmoins, sur un strict plan technique, une collaboration étroite avec son aviation n'aurait guère été possible, de toute façon, car les forces armées françaises, contrairement à la Wehrmacht, ne possédaient pour cela ni organes de liaison appropriés ni appareils de radio adéquats. »

Le 21 mai 1940, les services de propagande français, qui n'ont pas beaucoup de bonnes nouvelles à se mettre sous la dent, interviewent le colonel de Gaulle, dont la pugnacité a tranché avec une certaine forme de résignation dans le commandement. Le texte de cet « appel » est peu connu[13]. Pourtant, il contient en

12. Karl-Heinz Frieser, *Le Mythe de la guerre éclair. La campagne de l'Ouest de 1940*, Paris, Belin, 2003.

13. On doit son utile exhumation à Pierre et Anne Rouanet, dans *L'Inquiétude outre-mort du général de Gaulle*, Paris, Grasset, 1985. Voir également Alain Peyrefitte, *C'était de Gaulle*, Paris, éditions de Fallois-Fayard, 1994. Il expliquera à son ministre que c'est à l'issue de cette bataille gagnée sur les Allemands qu'il a

germe l'autre... Style et fond, la marque gaullienne y est déjà :

> C'est la guerre mécanique qui a commencé le 10 mai. En l'air et sur la terre, l'engin mécanique – avion ou char – est l'élément principal de la force. L'ennemi a remporté sur nous un avantage initial. Pourquoi ? Uniquement parce qu'il a plus tôt et plus complètement que nous mis à profit cette vérité. Ses succès lui viennent de ses divisions blindées et de son aviation de bombardement, pas d'autre chose ! Eh bien ! nos succès de demain et notre victoire – oui ! notre victoire – nous viendront un jour de nos divisions cuirassées et de notre aviation d'attaque. Il y a des signes précurseurs de cette victoire mécanique de la France. Le chef qui vous parle a l'honneur de commander une division cuirassée française. Cette division vient de combattre durement ; eh bien ! on peut dire tout simplement, très gravement – sans nulle vantardise – que cette division a dominé le champ de bataille de la première à la dernière heure de combat. Tous ceux qui y servent, général [il ne l'est pas encore] aussi bien que le plus simple de ses troupiers, ont retiré de cette expérience une confiance absolue dans la puissance de cet instrument. C'est cela qu'il nous faut pour

« forgé la résolution » de ne jamais céder aux chantres de la capitulation.

vaincre. Grâce à cela, nous avons déjà vaincu sur un point de la ligne. Grâce à cela, un jour nous vaincrons sur toute la ligne.

Le 1er juin, Charles de Gaulle est promu général de brigade à titre provisoire par Paul Reynaud, qui a été propulsé à la présidence du Conseil le 20 mars. Mesurant parfaitement l'état d'urgence absolue pour le pays et le début de mort cérébrale dans laquelle se trouvent les armées françaises, le tout nouveau général écrit à son protecteur le 3 juin. C'est une lettre d'anthologie (une de plus) qui mérite d'être citée dans son intégralité. Elle contient un mélange de pressions, d'injonctions et de leçons vaguement teinté de déférence. On a déjà vu que de Gaulle savait être direct et ne prenait pas beaucoup de gants quand il estimait que son ambition et la promotion de ses idées n'étaient pas assurées. Ici, il se surpasse. Pour reprendre le mot de Jean Lacouture, il s'agit ni plus ni moins d'une « sommation » pour exécution. On rappelle qu'il s'adresse à un président du Conseil (Premier ministre).

Monsieur le Président,

Nous sommes au bord de l'abîme et vous portez la France sur votre dos. Je vous demande de considérer ceci :

1/ Notre première défaite provient de l'application par l'ennemi de conceptions qui sont les miennes[14] et

14. De Gaulle est indéniablement en pointe sur le thème des chars, mais il n'est pas le seul. D'autres, peu nombreux il est vrai, sont sur la même ligne et ils sont parfois plus gradés que lui : nous pensons notamment aux généraux Doumenc et Alléhaut. Voir de ce dernier *Être prêts. Puissance aérienne. Forces de terre*, Paris, Berger-Levrault, 1935 et *Motorisation et armées de demain*, *op. cit.* De Gaulle s'est d'ailleurs rapproché d'Alléhaut pour lui dire à quel point il partage ses vues. Il se montre enthousiaste dans une lettre personnelle de 1935 que nous avons citée plus haut. Charles de Gaulle a également fréquenté après guerre le cercle intellectuel d'Émile Mayer (1851-1938), polytechnicien et officier. Ce penseur militaire anticonformiste réunissait autour de lui, le dimanche, des militaires, des journalistes, des écrivains et des politiques. Le rôle de l'aviation et des tanks dans les guerres du futur y était fortement débattu. En Allemagne, il semble que les prises de position de De Gaulle et du clan pro-chars aient été connues et suivies. Jusqu'à quel point ? Le livre *Vers l'armée de métier* n'a pas été traduit en allemand. Mais il semble que des versions sauvages (ou seulement des passages) aient été traduites et aient circulé dans les états-majors. C'est une pratique classique quand un livre intéressant n'a pas fait l'objet d'une traduction en bonne et due forme. Des hommes comme Rommel et Guderian (deux acteurs de la ruée des panzers sur la France) ont eu connaissance de ce qui se disait en France sur le sujet – mais aucun d'eux ne parlait le français. Rommel évoque les thèses françaises dans ses mémoires (*La Guerre sans haine*, Paris, Nouveau Monde Éditions, 2010). Guderian le fait également dans les siens (*Souvenirs d'un soldat*, Paris, Perrin, 2017). Mais il est difficile de savoir réellement quelle a été la

du refus de notre commandement d'appliquer les mêmes conceptions.

2/ Après cette terrible leçon, vous qui, seul, m'aviez suivi, vous êtes trouvé le maître, *en partie parce que vous m'aviez suivi et qu'on le savait* [souligné par nous].

3/ Mais une fois devenu le maître, vous nous abandonnez aux autres d'autrefois [Pétain est entré au gouverne-

---

portée des thèses personnelles du « colonel Motor » sur eux au milieu des années 1930. Rappelons que le colonel Guderian (à l'époque de la république de Weimar) s'était déjà entraîné sur char en Sibérie avant que de Gaulle ne se fasse connaître sur cette question. Le futur maréchal Erich von Manstein a également défendu très tôt l'idée de concentrer les forces cuirassées en un dard perforant (il est l'inventeur du plan d'attaque de la France par les Ardennes). Il est certain que les thèses d'hommes comme de Gaulle ne pouvaient que les conforter dans leurs idées. Mais ils étaient sans doute déjà convaincus avant de les lire. Du côté britannique, sir Henry Basil Liddell Hart (1895-1970) a tout fait pour convaincre la postérité qu'il avait été le véritable inspirateur des Allemands. Après guerre, le célèbre auteur britannique a été autorisé à questionner les généraux allemands détenus par les Alliés. Il aurait demandé à Guderian que son nom figure dans la préface de ses mémoires traduits en anglais (sous le titre *Panzer Leader*, Londres, Ballantine Books, 1957) pour apparaître comme le préfigurateur de la Blitzkrieg. De fait, cette mention inconnue dans la version allemande figure bien dans l'anglaise. Voir également Karl-Heinz Frieser, *Le Mythe de la guerre éclair*, *op. cit.* ; Pierre Servent, *Le Complexe de l'autruche*, *op. cit.* ; et Erich von Manstein, *Mémoires*, Paris, Perrin, coll. « Tempus », 2017, présentés par Pierre Servent.

ment ; Weygand est chef des armées]. Je ne méconnais ni leur gloire passée ni leur mérite de jadis. Mais je dis que ces hommes d'autrefois – si on les laisse faire – perdent cette guerre nouvelle.

4/ Les hommes d'autrefois me redoutent parce qu'ils savent que j'ai raison et que je possède le dynamisme pour leur forcer la main. Ils font donc tout, aujourd'hui comme hier – et peut-être de très bonne foi –, pour m'empêcher d'accéder au poste [ministre] où je pourrais agir avec vous.

5/ Le pays sent qu'il faut nous renouveler d'urgence. Il saluerait avec espoir l'avènement d'un homme nouveau, de l'homme de la guerre nouvelle.

6/ Sortez du conformisme, des situations « acquises », des influences d'académie. Soyez Carnot, ou nous périrons. Carnot fit Hoche, Marceau, Moreau.

7/ Venir près de vous comme *irresponsable* ? Chef de cabinet, chef d'un bureau d'études ? Non ! J'entends agir avec vous, mais *par moi-même* [souligné par nous]. Ou c'est inutile et je préfère commander !

8/ Si vous renoncez à me prendre comme sous-secrétaire d'État, faites tout au moins de moi le chef – non point seulement d'une de vos quatre divisions cuirassées – mais bien du corps cuirassé groupant tous ces éléments. Laissez-moi dire sans modestie, mais après l'expérience faite sous le feu depuis vingt jours, que je suis seul capable de commander ce corps qui sera notre suprême ressource. L'ayant inventé, je prétends le conduire[15].

Le style de cette lettre est assez sidérant si on occulte ce que l'on sait de la suite de la saga gaullienne. En ce début de mois de juin 1940 calamiteux, comment le président du Conseil, vieux briscard de la politique mille fois mis en garde contre le caractère tempétueux de ce personnage, va-t-il accueillir cette prose au ton comminatoire ? C'est un mémorandum où il est tout simplement sommé de satisfaire l'une ou l'autre de ses exigences de promotion (un poste de sous-ministre ou un grand commandement à sa mesure). Il lui est expliqué, au passage, que s'il est parvenu à la présidence du Conseil, c'est en bonne partie… grâce à lui ! Il y aurait de quoi se cabrer pour moins que cela. Mais Reynaud, qui travaille avec lui depuis longtemps, sait mieux que quiconque à quel point de Gaulle a raison sur le fond. Les temps ne sont plus aux ronds de jambes ni au froissement d'ego. Reynaud obtempère ! Le 6 juin 1940, le général provisoire est nommé sous-secrétaire d'État à la Défense nationale et à la Guerre[16].

---

15. Charles de Gaulle, *Lettres, notes et carnets, juillet 1941-mai 1943*, Paris, Plon, 1982.

16. De ce fait, il est rattaché directement à son protecteur qui cumule la primature avec la Guerre et les Affaires étrangères.

Apprenant cette promotion de la bouche même de Paul Reynaud, le généralissime Maxime Weygand s'étrangle. Il lui dit tout de go : « C'est un enfant ! » Le maréchal Philippe Pétain, ministre d'État depuis mai, est quant à lui furieux à l'idée de retrouver ce Caïn à la table du Conseil des ministres. Il s'indigne devant le président du Conseil : « Il est non seulement vaniteux, mais ingrat. Il n'a guère d'amis dans l'armée et ce n'est guère étonnant. Il donne l'impression de mépriser tout le monde. » Reynaud répétera ces *éloges* spontanés à de Gaulle… Cela permet de mieux comprendre certains passages de son futur appel du 18 Juin où il fustige les chefs aveugles qui ont conduit les armées françaises au désastre.

Le beau vieillard (84 ans) aux yeux de porcelaine, au port de tête marmoréen, a repris du service en mai 1940 : le 18 de ce mois, il a été nommé ministre d'État et vice-président du Conseil. Reynaud est allé chercher l'une des icônes de la Grande Guerre. Si cela pouvait permettre de guérir les écrouelles de l'armée et du pays… Nouvelle facétie du destin : Pétain retrouve le mois suivant son ancien féal sous les lambris de Matignon, le tout nouveau général de brigade de Gaulle, doté d'un quart de maroquin ministériel[17].

---

17. Il a été nommé général à titre provisoire le 1er juin 1940 (il a presque 50 ans). Le 7 juin, il quitte sa division pour siéger

L'histoire s'accélère. Il aura fallu toute la belle énergie de Paul Reynaud pour arracher au haut commandement les deux étoiles à titre provisoire sans lesquelles il eût été impossible de le nommer au gouvernement (un colonel ne pouvait y avoir sa place). Évidemment, Pétain lui bat froid.

Toujours fringant, le vert maréchal a rempilé. C'est de nouveau Cincinnatus que l'on a arraché à sa charrue pour sauver la patrie en danger. C'est un rôle qu'il connaît bien : 1916, 1917, 1925, 1934… 1940. Mais cette fois-ci, on ne l'y reprendra plus. Il n'a aucune envie de faire un petit tour de piste patriotique pour repartir ensuite dans sa thébaïde de Villeneuve-Loubet (sa résidence du Midi). Il ne se sent aucunement responsable de l'état d'impréparation de l'armée dont il a pourtant dominé l'organisation de la tête et des épaules. Il fera toujours valoir en privé que les chefs politiques ont miné ses efforts pour redresser le gouvernail.

Les autres ministres notent que Pétain et de Gaulle ne s'adressent jamais la parole en Conseil des ministres. Le Maréchal fait d'ailleurs tout pour que

au gouvernement (sa nomination date de la veille). Le 16 juin au soir, Paul Reynaud démissionne. Pétain forme son gouvernement dans la soirée… sans son ancien poulain.

son ancien protégé ne soit pas admis aux réunions stratégiques (notamment à l'Élysée, autour du chef de l'État, Albert Lebrun). Pourtant, lui-même, dans ces cénacles, manifeste peu d'intérêt pour les sujets débattus. Il semble parfois à moitié endormi, l'esprit dans le vague, sortant de temps en temps des sentences lapidaires. Ses propos, attendus comme des oracles, sont abscons. Lors d'une réunion au palais de l'Élysée, alors que le front français craque de toutes parts, le président de la République l'interroge sur les raisons de cette « débâcle sans précédent ». N'a-t-il pas forgé cette armée pendant des années ? Sous les ors de cette enceinte solennelle, le somnolent vieillard ne peut pas, comme à l'ordinaire, se défiler. Chacun prête donc l'oreille aux explications du grand homme. L'un des ministres présents, Laurent-Eynac (Air), se souvient : « Albert Lebrun vient de poser la question clé. Nous devenons encore plus attentifs. Tout le problème stratégique de la guerre est posé à travers cette question. Et j'ai dans l'oreille la réponse du Maréchal : "Peut-être a-t-on trop développé les transmissions électriques. Elles ont été coupées. Peut-être avons-nous renoncé trop vite aux colombophiles et aux pigeons voyageurs. Peut-être faudrait-il disposer, à l'arrière, d'un pigeonnier grâce auquel le grand quartier général resterait en communication permanente."

Nous nous regardons suffoqués[18]. » On comprend mieux pourquoi de Gaulle n'a pas été convié. Son esprit aigu aurait trouvé là matière à commentaires acides. Pour l'heure, il s'échine entre Paris et Londres à souder l'effort militaire et politique des deux pays. Il travaille également sur l'hypothèse d'un glissement de la résistance militaire française vers, première hypothèse, la Bretagne (le réduit breton), ou vers, seconde hypothèse, l'Empire où mouille une bonne partie de la flotte, si la grande catastrophe se confirmait en métropole.

Après la chute du gouvernement Reynaud (16 juin 1940), de Gaulle et Pétain ne se reverront plus jamais. Le premier, entouré de quelques serviteurs rares et fiers, part pour Londres avec les dernières braises de l'âme française. Le second, roitelet bientôt sous contrôle allemand d'un royaume de carton-pâte, après

---

18. Jean-Raymond Tournoux, *Pétain et de Gaulle*, *op. cit.* Dans son livre *Auprès du maréchal Pétain* (*op. cit.*), le général Conquet tente de justifier l'attitude consternante du Maréchal : « [...] Était-ce le moment pour le Maréchal d'exprimer toute sa pensée ? Ses interlocuteurs ont-ils saisi toute l'ironie sarcastique de cette réponse ? » Conquet ne parvient pas à convaincre, car si dans cette enceinte le Maréchal ne juge pas venu le moment de s'exprimer, où pourrait-il bien le faire ? La réalité cruelle est que Pétain n'a pas pensé cette guerre et que son horloge stratégique s'est arrêtée en 1918.

avoir songé à Versailles pour prendre ses quartiers, se retrouve finalement confiné dans une charmante ville d'eaux de l'Allier : Vichy[19]. On y soigne d'ordinaire dans des kyrielles d'hôtels élégants des curistes qui reviennent des colonies et souffrent de maladies discrètes, tenaces et insidieuses.

Il faut à ce stade avoir bien en tête la chronologie de cette séquence historique si on veut restituer la charge dramatique de ce dernier acte où tout un pays, élites en tête, va sombrer dans le chaos le plus total.

Le 1er juin 1940, Charles de Gaulle est nommé général de brigade, mais à titre provisoire ; le 3 juin, il fait parvenir à Reynaud sa lettre comminatoire en forme de sommation ; le 6 juin, il est nommé, à sa demande, sous-ministre dans le même gouvernement que Pétain, qui en est le vice-président ; le 14 juin, les Allemands entrent dans Paris, déclarée ville ouverte ; le 16 juin, Paul Reynaud démissionne et Charles de Gaulle se retrouve *de facto* éjecté du gouvernement ; le 17 juin, le président du Conseil, Philippe Pétain, appelle les Fran-

19. La ville de Versailles posait un problème politique et technique : politique car elle était située en zone occupée ; technique car le grand hôtel particulier (à deux pas du parc) où il avait été envisagé d'installer le chef de l'État français était impossible à équiper en moyens de communication. Avec sa multitude d'hôtels, Vichy offrait plus de facilités.

çais à cesser le combat ; le 18 juin, le général de Gaulle lance de Londres son fameux appel prophétique à le poursuivre ; le 22 juin, l'armistice est signé en forêt de Rethondes dans le wagon où avait été signé celui du 11 novembre 1918. Sous l'effet de ces chocs telluriques à répétition, la France se fragmente en deux clans d'inégales proportions : les maréchalistes font masse.

Ces vingt-deux jours sont ceux d'une tragédie antique qui fait basculer la vie de De Gaulle comme celle de Pétain, et avec elles celle de dizaines de millions de personnes. Ces vingt-deux jours marquent au fer rouge l'histoire de France et installent la rivalité Pétain-de Gaulle au cœur du cataclysme national. La guerre civile va, une nouvelle fois, faire rage entre Français pendant quatre années. Des officiers sortis de la même promotion de Saint-Cyr ou de Navale vont se tirer allègrement dessus (notamment au Sénégal en 1940 et en Syrie en 1941).

Le 18 juin 1940, à Londres, le Général, flanqué de son aide de camp Chodron de Courcel, arrive en taxi à Oxford Circus, siège de la BBC. Le studio est au quatrième étage du bâtiment. Les deux Français sont accueillis par Stephen Tallents, directeur des informations. Celui-ci est accompagné de deux de ses collaborateurs, Leonard Miall et Elizabeth Barker, qui ont conservé le souvenir de cette première vision du géant qui va devenir un familier des studios de la BBC : c'était « un homme immense avec des bottes brillantes, qui marchait à grandes enjambées en parlant avec une voix très grave[20] ». Peu avant 18 heures, face à un énorme micro, le Général est invité à faire un essai de voix. Il se contente de dire : « La France. » Soit l'essai a été jugé bon du premier coup, soit personne n'a osé lui demander de recommencer. Charles de Gaulle a placé devant lui sur un petit lutrin les deux feuillets raturés de son appel à poursuivre la lutte armée. Comme à son habitude, ses yeux ne s'y reporteront pas. Il connaît son texte par cœur. Ceux qui assistent à cet événement historique – qui se réduit pour l'instant à l'émission d'un message parmi bien d'autres – décrivent ainsi l'orateur du jour : « [...] Il fixait le micro comme s'il était la France personnifiée et comme s'il voulait l'hypnotiser. Sa voix était claire, ferme et un peu forte, celle d'un homme s'adressant à ses soldats avant la bataille. [...] Il ne paraissait pas nerveux, mais extrêmement tendu, comme s'il concentrait ses forces en un seul instant[21]. » Et ce général de rupture, comment se sentait-il en fran-

---

20. Jean Lacouture, *op. cit.*

21. *Ibid.* Voir également François Malye, « L'appel du 18 juin 1940 » *in* Patrice Gueniffey et François-Guillaume Lorrain (dir.), *Les Grandes Décisions de l'histoire de France*, Paris, Perrin-*Le Point*, 2018.

chissant le Rubicon ? « À mesure que s'envolaient les mots irrévocables, je sentais en moi-même se terminer une vie, celle que j'avais menée dans le cadre d'une France solide et d'une indivisible armée. À 49 ans, j'entrais dans l'aventure comme un homme que le destin jetait hors de toutes les séries », écrira-t-il dans ses *Mémoires de guerre*.

Épaté par le culot d'airain et la combativité de cet étranger, le Premier ministre Winston Churchill, qui a su discerner l'homme de caractère derrière l'orgueil incommensurable de son interlocuteur, a donné son feu vert pour le jet à la mer de cette bouteille radiophonique. L'allocation de De Gaulle est *folle* si on prend en compte les séquences précédentes. Il n'est rien, il n'a rien, il ne pèse rien, il ne représente rien ! Les quatre étoiles de général qui brillent sur ses deux manches sont en zinc. Son ancien mentor, lui, est tout : le recours, le sauveur, le bouclier, le grand-père, le grand prêtre, le thaumaturge, Cincinnatus... Ses quatorze étoiles sont en argent massif. Leurs reflets aveuglent les quarante millions de Français... à quelques exceptions près.

Si le lecteur essaye de s'abstraire quelques instants de ce qu'il sait de la fin de l'histoire, il mesurera à quel point l'appel du 18 Juin est à la fois inspiré et désespéré dans les ténèbres du moment. C'est le seul fanal brandi dans la nuit de France. Et il dégage une lumière bien maigrelette. Jean Lacouture a une très belle description de son extrême fragilité initiale : « [...] Charles de Gaulle, ex-sous-secrétaire d'État, ex-général à titre temporaire, dégradé, dénationalisé, condamné à mort, flanqué d'un vieux juriste, de trois colonels, d'une douzaine de capitaines, d'une secrétaire malhabile, de quelques journalistes, de trois bataillons de légionnaires et de la confiance d'un Premier ministre [britannique] au génie phosphorescent mais aux humeurs changeantes, prétend incarner [la France] qui ne connaît de lui qu'une voix nocturne aux intonations étranges et aux élans en apparence incontrôlés. »

Faisant fi de cette position précaire, l'orateur règle ses comptes et pointe du doigt les responsables de l'effondrement de la France, Pétain en tête : « Les chefs qui, depuis de nombreuses années, sont à la tête des armées françaises ont formé un gouvernement. Ce gouvernement, alléguant la défaite de nos armées, s'est mis en rapport avec l'ennemi pour cesser le combat. [...] Mais le dernier mot est-il dit ? L'espérance doit-elle disparaître ? La défaite est-elle définitive ? Non ! [...] Car la France n'est pas seule. Elle n'est pas seule ! Elle a un vaste empire derrière elle. Elle peut faire bloc avec l'Empire britannique qui tient la mer et continue la lutte. Elle peut, comme l'Angleterre, utiliser sans limites l'immense industrie des États-Unis. [...] » Ce général de raccroc se fait visionnaire en expliquant que cette guerre « n'est pas tranchée par la bataille de France ». « Cette guerre est une guerre mondiale. Toutes les fautes, tous les retards, toutes les souffrances n'empêchent pas qu'il y a, dans l'univers, tous les moyens nécessaires pour écraser un jour nos ennemis. » Dans un autre de ses discours, il met nommément en cause son ancien mentor : « Si la France n'avait pas une force mécanique, si elle s'était donné une armée purement défensive, une armée de position, à qui la faute, Monsieur le Maréchal ? » Toujours dans la même veine, il cingle : « Ah ! Pour obtenir et pour accepter un pareil acte d'asservissement [le texte d'armistice], on n'avait pas besoin de vous, Monsieur le Maréchal, on n'avait pas besoin du vainqueur de Verdun. N'importe qui aurait suffi ! »

Pour faire bonne mesure, le futur proscrit[22] demande à tous ceux qui veulent poursuivre la lutte de se joindre à lui. Quelle impudence dans l'indigence ! Il en a pleinement conscience. Aussi a-t-il écrit très tôt

---

22. Sur ordre de Paris, l'ambassade de France à Londres lui fait savoir qu'un mandat d'arrêt a été lancé contre lui le 27 juin 1940. De Gaulle, qui a été mis à la retraite d'office comme... colonel, répond que tout cela n'a pour lui aucune incidence ni aucune valeur.

à certains grands commandeurs pour leur proposer de reprendre le flambeau à partir de l'Empire. Il s'est dit prêt à se placer sous leurs ordres, ce qui détruit l'argument de ses ennemis qui lui reprochent déjà d'avoir voulu profiter de la défaite pour se hisser sur le pavois. Malgré ses nombreux différends avec lui, il a même écrit à Maxime Weygand, ministre de la Défense du tout nouveau gouvernement Pétain : « Je crois devoir vous dire très simplement que je souhaite pour la France et pour vous, mon général, que vous sachiez et puissiez échapper au désastre, gagner la France d'outre-mer et poursuivre la guerre. Il n'y a pas actuellement d'armistice possible dans l'honneur. » Cette lettre du 20 juin 1940 est directement transmise à l'intéressé par le général Lelong, attaché militaire à Londres. Elle ne recevra jamais de réponse directe. En septembre, le « forcené » reçoit sa lettre réexpédiée de Vichy avec un papillon dactylographié : « Si le colonel en retraite de Gaulle veut entrer en communication avec le général Weygand, il doit le faire par la voie régulière[23]. » Il n'oubliera jamais cette humiliation et celle bien plus grave de sa condamnation à mort par contumace, dégradation militaire, déchéance de nationalité, confiscation de ses biens meubles et immeubles

23. Charles de Gaulle, *Mémoires de guerre*, *op. cit.*, Annexes.

(2 août 1940). En 1945, alors que Weygand sort d'un camp d'internement allemand[24], le président du gouvernement provisoire de la République française, Charles de Gaulle, le fera arrêter sans gants puis conduire sous bonne escorte au Val-de-Grâce pour y être interné. Le Général a la mémoire longue et sait se montrer féroce. Président de la République, il refusera que les honneurs militaires soient rendus à Weygand aux Invalides, pourtant grand-croix de la Légion d'honneur, lors de ses funérailles[25].

De 1940 à 1944, deux figures, deux incarnations de la France, deux discours, deux politiques – celle de l'intérêt et celle de l'honneur – s'entrechoquent. Le discours pétainiste du 17 juin est l'invite d'un vieux maréchal chargé de gloire qui pousse à la repentance et à la résignation ; celui du 18 juin est l'appel pathétique d'un jeune général visionnaire qui a saisi d'un trait la véritable dimension de cette guerre qui n'est pourtant pas encore mondiale. Le premier a 84 ans,

---

24. Il a été arrêté et déporté par les Allemands en novembre 1942. Libéré en 1945 par les Américains, qui lui rendent les honneurs, il est arrêté et transféré dans la foulée à Paris. Il est libéré en 1946, puis lavé de toute accusation en 1948. Il restera un opposant politique farouche à l'homme du 18 Juin.

25. Ces honneurs sont normalement de droit pour un dignitaire de l'ordre de la Légion d'honneur : grand officier ou grand-croix.

le second 50. En agissant ainsi, Charles de Gaulle est bien le digne rejeton de Pétain, celui d'hier, l'iconoclaste qui, le premier, avait décelé en son jeune double la marque rare du génie prophétique. Mais désormais, le père et le fils vont se mesurer sur la cendrée du champ de bataille. Personne ne peut céder, car c'est aussi un combat d'ego et d'amitié blessée ; un combat parmi les plus cruels. Il ne peut être que sans merci.

À propos des errements de son ancien protecteur, et en fin connaisseur de ce que cache son écorce étoilée, de Gaulle explique à son entourage : « Le Maréchal n'a pas compris que, dans cette guerre, la Marne était à l'échelle de la Méditerranée. L'aspect planétaire du conflit lui échappe totalement. Il se dit : "Nous avons perdu en 1870, nous avons gagné en 1918, nous avons encore perdu en 1940. C'est la troisième manche, en attendant la quatrième." Sa perspective ne va pas au-delà du traditionnel antagonisme franco-allemand. Il voit la répétition des conflits précédents[26]. » À Vichy, Pétain lui donne la réplique : « De Gaulle a fait un coup de poker [en partant]. La politique, ce n'est pas cela. Il faut regarder les événements, les ausculter, les comprendre. Mais prendre position d'un coup comme

26. Jean-Raymond Tournoux, *Pétain et de Gaulle*, *op. cit.*

si on était Jupiter… Cela peut réussir. Très bien. Et si cela ne réussit pas ? C'est du jeu. On ne joue pas. »

Siégeant en majesté dans son royaume thermal, Philippe Pétain est intimement convaincu de sauver les Français par le don de sa *royale* personne. La survie n'est-elle pas plus importante que l'honneur, comme il le prétendait jadis quand il contestait à son scribe l'ordre de ces facteurs (la vie et l'honneur) ? Il estime, en outre, bénéficier légitimement[27] et légalement[28] de

27. De Gaulle lui conteste cette légitimité au nom de la France éternelle, celle qui ne cède jamais.

28. Les pleins pouvoirs constituants ont été votés au maréchal Pétain le 10 juillet 1940 par l'Assemblée nationale (soit la Chambre des députés et le Sénat réunis). Sur six cent quarante-neuf parlementaires présents, cinq cent quarante-neuf votent pour l'auguste vieillard. Quatre-vingts élus opposent un refus net à ce transfert de pouvoir, les derniers s'abstiennent. Il est à noter que ce vote est marqué par l'absence des députés communistes, bannis en 1939 pour intelligence avec Moscou (alors alliée de Berlin). Les parlementaires du paquebot *Massilia* (une trentaine d'élus de gauche et du centre gauche), partis pour l'Afrique du Nord afin d'y poursuivre la lutte, ne sont pas là. Ceux qui n'ont pas été arrêtés (comme l'officier et député Pierre Mendès France, accusé de « désertion ») arrivent après le vote des pleins pouvoirs. D'autres élus n'ont pu rejoindre Vichy à temps. Mais on peut penser que cela n'aurait pas modifié le sens du vote en faveur du « recours ». Pierre Laval, venu de la gauche, est à la manœuvre dans les couloirs du grand casino de la station thermale et se sert du « drapeau Pétain » pour asseoir son propre pouvoir sur les décombres de la IIIe République

la place *auguste* que justifient ses services émérites et éminents rendus à la nation. Son profil de souverain de pacotille orne désormais les pièces de monnaie et les timbres-poste. Il supplante Marianne dans les édifices publics. Son regard sévère et scrutateur peut ainsi surveiller une population traumatisée par le choc de la défaite. L'écrivain antisémite favorable à la Collaboration Louis-Ferdinand Céline a dépeint au couteau avec maestria la mutation qui s'est opérée sous l'écorce du vieux soldat jamais repu d'honneurs : « Pétain fut notre dernier roi de France. “Philippe le Dernier”... la stature, la majesté, tout !... et il y croyait ! d'abord comme vainqueur de Verdun... puis à 70 ans et mèche promu Souverain ! qui résisterait... raide comme ! [...] Le coup d'“incarner” est magique !... on peut dire qu'aucun homme résiste !... Prenez n'importe quel bigorneau, dites-lui dans les yeux qu'il incarne !... vous le voyez fol !... [...] Pétain qu'il incarnait la France il a godé à plus savoir si c'était du lard ou du cochon [...] le seul vrai bonheur de bonheur l'incarnement[29]. »

---

dont il fut l'une des personnalités en vue (parlementaire, ministre, président du Conseil).

29. Louis-Ferdinand Céline, *D'un château l'autre*, Paris, Gallimard, « Bibliothèque de la Pléiade », *Romans*, t. 2, 1974.

Bien que s'accrochant à son trône branlant « avec des ongles mous », pour paraphraser Clemenceau[30], « Philippe le Dernier » reste ferme sur ses appuis anciens : comme en amour, pas d'emballement, pas de fulgurance sans lendemain, mais une saine gestion des opportunités et le sens du temps long. Il pèse et soupèse longuement. L'important, désormais, c'est qu'il soit le seul fléau de la balance. Il est d'autant plus agacé, pour ne pas dire plus, par les salves de piques que son ancien protégé lui adresse régulièrement de Londres. Il ne peut y voir que la suite de leur vieux contentieux d'avant guerre. Incapable de comprendre de quoi il retourne, il réduit le « gaullisme » à une envie moisie de revanche. À Vichy, plus d'une fois il explique que « de Gaulle ne [l']aime pas » : « Il s'est piqué à mon sujet. Il m'en veut à cause de ce manuscrit. »

Ces deux chefs de forces inégales campent au sommet de deux choix stratégiques radicalement opposés : le front impérieux du refus incarné par la France libre contre les maquignonnages d'un État français sombrant progressivement dans une collaboration mortifère. À Londres, Jeanne d'Arc moderne, Charles « le Hardi »

30. Le vieux combattant politique disait au soir de sa vie qu'il s'y accrochait avec des « ongles mous… ».

lance ses appels en parlant de lui à la troisième personne, comme le faisaient jadis les rois : « Moi, général de Gaulle, actuellement à Londres… » Il est pourtant bien seul dans la capitale anglaise bientôt bombardée par la Luftwaffe ! Aucun grand personnage civil ou militaire de la IIIe République n'a fait le voyage. Sa *mauvaise réputation* joue contre lui et Vichy s'emploie bien vite à la faire résonner partout en France et à l'étranger. La « clique gaulliste » ne comprendrait qu'un ramassis de demi-soldes, de prévaricateurs, de soldats abusés ou en rupture de régiment pour mauvaise conduite, de communistes (après juin 1941 et la rupture entre nazis et bolcheviques), de Juifs et de francs-maçons antinationaux… Il est frappant de constater que bien rares sont les anciens subordonnés de De Gaulle à l'avoir rejoint de l'autre côté de la Manche. Il a pourtant derrière lui presque trente années de carrière militaire. Normalement, cela draine derrière soi nombre de fidélités et d'amitiés. Il n'y a rien de la sorte derrière lui. De sa promotion de Saint-Cyr (certes, il ne reste plus que 50 % des effectifs initiaux en vie, soit une centaine d'officiers), seul l'un d'entre eux a rejoint la France libre : le général Petit. Les autres – on pense à Juin et Béthouart – attendront 1942. La plupart de ceux qui s'engagent derrière son nom ne le connaissent pas et ne l'ont pas entendu le 18 juin. S'il peut être admiré, de Gaulle, on l'a dit, est plus difficilement aimable. Or, l'armée est une grande sentimentale : après novembre 1942 (débarquement anglo-américain en Afrique du Nord), des unités entières resteront du côté de Vichy ou basculeront vers la France libre par simple adhésion à leur chef immédiat. Ceux qui ont eu de Gaulle pour chef refusent de l'épauler. Il impressionne, mais il n'aimante pas, alors que Pétain conserve un magnétisme puissant qui détourne plus d'un civil et militaire français de son devoir de résister. La stature du Maréchal l'écrase toujours de son ombre et de sa superbe par-delà la Manche. Pourtant, un fonds d'amertume et de regret plane à Vichy. Le père ne reconnaît plus son fils prodige et en souffre secrètement. Blessé dans son orgueil, il parle souvent de lui à ses intimes, soulignant ses immenses qualités, mais pour mieux stigmatiser son orgueil : « [...] Il ne connaît pas de limites à son ambition. Il fera beaucoup de mal, avec de bonnes intentions... » Le père condamne... mais avec les circonstances atténuantes. Nous verrons que le fils fera de même plus tard à son endroit. Aucun des deux ne parvient complètement à extirper de son cœur ce que leur relation très particulière a déposé de complicité et de confiance pendant vingt ans.

Dès le début, Charles de Gaulle a tranché dans le vif. Il a adopté un discours anti-Vichy (qui est en fait un discours anti-Pétain) dont la radicalité a surpris les Britanniques et gêné les Américains, qui entendent maintenir de bonnes relations avec le vainqueur de Verdun. De Gaulle respecte trop *le Pétain d'avant* pour ne pas stigmatiser avec violence l'ersatz de Maréchal installé à Vichy. Il lui faut tuer le père pour la seule gloire qui l'obsède depuis l'enfance : celle de la France, de Jeanne, de la mère patrie ; d'une nation plus grande qu'elle-même, car elle porte en elle le culte de la grandeur et d'une certaine idée de l'homme. Pourtant, à Londres, lorsque quelques flagorneurs, pensant lui faire plaisir, en rajoutent sur le thème de la traîtrise de Pétain ou de son légendaire défaitisme, il les reprend, les tance ou les fusille du regard. En privé, l'affection sourd, malgré tout, sous l'implacable analyse :

> C'est triste et tragique ! La vieillesse est un naufrage et avec l'âge, les défauts deviennent monstrueux. Pauvre vieux maréchal ! Jadis, il a conduit, sans trop y croire d'ailleurs, les armées françaises à la victoire, et le voilà qui les a menées maintenant à la capitulation. Il a 84 ans ! Que n'est-il parti à temps ! Hélas ! À son âge, on ne part plus. On s'accroche. L'ambition sénile l'a saisi. Misérable enveloppe d'une gloire passée, il s'est hissé faute de mieux sur le pavois de la défaite. Il trompe les Français

> sur la réalité de l'armistice. Les années ont rongé le caractère. Il n'est plus qu'une planche pourrie. Le maréchal de France se transforme en garde champêtre grondeur ! J'ai pris position contre lui. Cela m'a été très dur, très dur. C'était une nécessité nationale. [...] Voyez-vous, Pétain est un grand homme, mort en 1925. C'est maintenant un vieillard, dominé par l'égoïsme et livré à la ruse. Il deviendra capable de tous les mensonges. C'est une vieille ficelle, croyez-moi. Je le connais bien. Il aime le pouvoir. Il est flatté qu'on soit allé le tirer de sa retraite pour le remettre en selle. C'est humain. Mais il avait préparé son affaire en silence. Son attitude est celle d'un homme âgé qui veut prendre les rênes. Et voilà pourquoi il se déshonore dans cette aventure. Ah ! Il ne m'aura pas ! Il ne m'aura pas[31] !

Ce « Il ne m'aura pas ! » claque comme s'il lui fallait sans cesse s'extraire des rets de l'affection défunte. La rupture ne pouvait dès le départ qu'être brutale, totale, définitive. Il lui fallait briser le sortilège. La brisure nette et franche, on l'a dit, est le refuge des timides. Pour une part, le proscrit de Londres partage, sans la connaître, l'analyse du général Weygand sur le « grand homme » : « Étrange. Le Maréchal

31. François Flohic, *De Gaulle intime*, Paris, L'Archipel, 2010, et François Broche, *De Gaulle secret*, Paris, Pygmalion, 1993.

n'est pas sans me rappeler l'attitude d'Erzberger, en 1918, dans le wagon de Rethondes. Le président de la délégation allemande se montrait digne dans l'effondrement. Mais un je-ne-sais-quoi laissait deviner une certaine satisfaction dans son visage, comme s'il se disait : "C'est moi, non un autre, qu'on est venu chercher dans le malheur de la Patrie... C'est moi qui personnifie la Patrie." »

Pendant quatre années, ils sont donc deux à s'en disputer l'incarnation. De Gaulle tient farouchement à cette exclusivité. Ce tête-à-tête au sommet ne peut supporter l'intrusion d'un tiers, disqualifié d'emblée car ne faisant pas partie de la « famille ». Quand le général cinq étoiles André Giraud, qui fut son chef jadis, déboule en Afrique du Nord après son évasion d'Allemagne (avril 1942), de Gaulle le toise de toute sa hauteur. À son collaborateur Gaston Palewski, qui lui rapporte le souhait « naturel » de Giraud de devenir le « chef de la Résistance », le Connétable, impérial, rétorque : « Mon cher, il y a deux mystiques en France : le père Pétain et de Gaulle. Il n'y a pas de place pour un troisième[32]. » Le général Giraud mettra un peu de temps avant de saisir cette équation. Signe de l'extrême faiblesse de son jugement politique, il explique lors de son arrivée au

32. Gaston Palewski, *Mémoires d'action*, Paris, Plon, 1988.

comte de Paris[33], qui s'inquiète de ses futures relations avec son ancien subordonné devenu chef de la France libre : « Vous ne comprenez rien à l'armée. De Gaulle viendra ici, il se mettra au garde-à-vous et je lui donnerai des ordres qu'il exécutera[34]. » Le malheureux sera rapidement et proprement neutralisé par de Gaulle, puis écarté malgré l'appui des Américains.

De son côté, en pessimiste actif, Pétain joue la montre, espérant user les Allemands sans bien mesurer, en son grand âge, le prix des concessions sans cesse exigées. Il est convaincu qu'il aura les Boches à l'usure, comme la dernière fois. Comme nombre de ses contemporains, il n'a pas compris la nature mortifère du régime nazi. Reynaud avait tenté de la lui expliquer en lui passant le flambeau en juin 1940 : « Vous pensez avoir à négocier avec Guillaume Ier [roi de Prusse en 1870]. Mais c'est Gengis Khan

---

33. Soucieux de servir la France malgré la loi d'exil qui frappe l'ancienne famille royale, Henri d'Orléans (1909-1999) reçoit l'autorisation de Paul Reynaud de s'engager dans la Légion étrangère en mars 1940. Il sert sous pseudonyme. En juillet 1941, il lance un appel à soutenir le maréchal Pétain. On le retrouve à Alger en 1942. Certains le soupçonnent, sans jamais avoir apporté de preuves, d'avoir été derrière l'assassinat de l'amiral Darlan, le 24 décembre 1942 (voir note 36 p. 191).

34. Jean-Raymond Tournoux, *Jamais dit*, Paris, Plon, 1961.

[considéré au XIIIe siècle comme un redoutable et sanglant conquérant] auquel vous aurez affaire. » Mais le vieil homme s'entête, réduisant la réalité à ce qu'il peut en comprendre : « À la mer, il y a le flux et le reflux. Il faut savoir attendre ! », dit-il à ses proches en plissant les yeux avec l'air entendu de celui qui a plus d'un tour dans son sac. En attendant le reflux, il semble attacher de plus en plus d'importance… aux menus qu'on lui concocte dans l'ambiance délétère et éthérée de Vichy[35]. Sous des dehors charmants et hors du temps, avec ses élégants hôtels pour curistes, son casino de style Art nouveau, sa délicieuse promenade sous des arcades festonnées, la station thermale cache des luttes d'influence d'autant plus âpres que le pouvoir disputé par les feudataires du régime est des plus réduits. Le vieux roi, quant à lui, règne sur son assiette et son petit monde qui tente de glaner auprès de lui sa dernière once de lucidité quotidienne pour le faire changer d'avis. C'est presque une obsession sénile qui

35. Un jour, alors que Michel Clemenceau, le fils du Tigre, vient demander à Pétain d'intervenir pour ne pas livrer Georges Mandel et Paul Reynaud aux Allemands, celui-ci explique son impuissance à peser sur les décisions de Berlin. Il enchaîne très vite avec le menu du déjeuner qui les attend. Devant un Clemenceau indigné, il vante notamment les « bonnes langoustes » qui lui arrivent de Corse.

le poursuivra, même lors de son arrestation en 1945 où il s'enquerra régulièrement du plat du jour.

Entre deux agapes, Pétain fustige dans ses discours la France dissidente. Le 7 avril 1941, il prononce un discours radiophonique dans lequel il ferraille implicitement avec le général de Gaulle :

> L'orgueil de la France, c'est non seulement l'intégrité de son territoire, c'est aussi la cohésion de son Empire. Le lien qui en unit, si étroitement, les éléments les plus divers, ce sont des luttes, des sacrifices des meilleurs de vos fils qui l'ont créé. Mais voici qu'une propagande subtile, insidieuse, inspirée par des Français, s'acharne à la briser. Un instant suspendus, les appels à la dissidence reprennent, sur un ton chaque jour plus arrogant ; l'œuvre de mon gouvernement est attaquée, déformée, calomniée. [...] La dissidence est née en juin 1940 du sursaut des Français d'outre-mer qui les poussait à poursuivre la lutte, du sentiment que la France ne saurait, sur son propre sol, entreprendre l'œuvre de redressement nécessaire. À cette première erreur mise à profit par les chefs de la dissidence se sont bien vite joints la volonté d'exploiter le désarroi des Français d'outre-mer, l'espoir de dresser le pays par un constant appel à l'indiscipline contre l'effort de relèvement national.

En novembre 1942, après le débarquement anglo-américain en Afrique du Nord et l'occupation de la zone sud de la France, le chef de l'État français refuse toutes les propositions que des maréchalistes ou des gaullo-pétainistes lui soumettent pour traverser la Méditerranée et reprendre le combat. Las ! la vieillesse, la peur de l'avion, l'attachement à la qualité de sa chère table et l'enracinement terrien du biffin l'empêchent de faire le saut. Et puis, à Vichy, il n'y a pas de concurrence, pas de De Gaulle, pas de Darlan[36], pas de Giraud avec qui devoir discuter ou

36. Ancien vice-président du Conseil (remplacé par Laval, à la demande des Allemands, en avril 1942), l'amiral Darlan est commandant en chef des forces armées de Vichy. Lors du débarquement anglo-américain (novembre 1942), il se trouve par hasard en Afrique du Nord où il s'est rendu pour voir son fils hospitalisé. Soucieux de rester fidèle à Pétain, il tente de faire croire qu'il agit de connivence avec lui. Non sans atermoiements, il rompt finalement avec Vichy et se rallie aux Alliés. Pétain le désavoue. Il est assassiné fin décembre 1942 par un jeune étudiant de 20 ans, Fernand Bonnier de la Chapelle. Certains auteurs soupçonnent un monarchiste, Henri d'Astier de La Vigerie, d'avoir organisé l'opération d'élimination de l'encombrant amiral pour tenter de propulser sur la scène algérienne un tandem politico-militaire formé du comte de Paris et de Charles de Gaulle. Le comte de Paris a toujours démenti cette interprétation et la moindre implication dans l'assassinat de Darlan. D'autres auteurs impliquent les opérations spéciales britanniques (le SOE) dans cette exécution d'un ancien poids lourd de Vichy. Voir Michèle Cointet, *De Gaulle et Giraud, l'affrontement*, Paris, Perrin, 2005, et Bénédicte Vergez-Chaignon, *Une juvénile fureur.*

négocier sa place. Les passions secrètes sédimentées en son cœur par l'âge le fixent irrémédiablement à son rocher thermal. Dans ses *Mémoires*, de Gaulle écrit avec son style magnifique : « Trop fier pour l'intrigue, trop fort pour la médiocrité, trop ambitieux pour être arriviste, il nourrissait dans sa solitude une passion de dominer, longuement durcie par la conscience de sa propre valeur, les traverses rencontrées, le mépris qu'il avait des autres. La gloire militaire lui avait, jadis, prodigué ses caresses amères. Mais elle ne l'avait pas comblé, faute de l'avoir aimé *seul* [souligné par nous]. Et voici que, tout à coup, dans l'extrême hiver de sa vie, les événements offraient à ses dons et à son orgueil l'occasion – tant attendue ! – de s'épanouir sans limites ; à une condition toutefois, c'est qu'il acceptât le désastre comme pavois de son élévation et le décorât de sa gloire. »

Symptôme de cette dérive « egolâtre », Philippe Pétain lâche un jour devant un Laval sidéré : « J'ai plus de pouvoir que Louis XIV ! » Ce désir forcené de captation solaire et solitaire lui a fait perdre sa seule chance de survivre politiquement après Vichy et l'effondrement de la domination nazie. En 1942, s'il

---

Bonnier de la Chapelle, l'assassin de l'amiral Darlan, Paris, Perrin, 2019.

avait fait le bon choix, gageons que chaque ville de France aurait encore aujourd'hui une avenue ou une place Pétain[37], et ce malgré les lois antijuives de 1940 et les rafles de l'été 1942[38]. Raymond Aron faisait ce constat que si Pétain était parti alors pour Alger, « il serait devenu un héros national et aurait réconcilié tous les Français[39] ». De Gaulle aurait eu beaucoup de mal à le contrecarrer. Mais, au final, le Général n'aura devant lui que deux médiocres obstacles : Darlan et Giraud. L'un disparaît physiquement, l'autre politiquement.

En son grand âge, Pétain a donc décidé de ne pas bouger de métropole. Il est inamovible dans tous les sens du terme. S'il s'incruste à Vichy, il n'est pourtant ni sourd ni aveugle et ne croit plus, à partir de l'automne 1942, à la victoire du Reich.

---

37. Plus de trois mille six cents communes de France ont donné le nom du général de Gaulle à l'une de leurs artères, places ou ronds-points. Le Général arrive devant Victor Hugo ou Pasteur. Il semblerait qu'il reste encore deux ou trois plaques oubliées au nom du maréchal Pétain…

38. Quand les premières mesures antijuives sont prises par le gouvernement (nous savons aujourd'hui que Pétain a pesé personnellement pour durcir le dispositif initial), le général Mordacq, ancien de l'équipe Clemenceau de 1917, dit au Maréchal : « Vous déshonorez notre uniforme. » Pétain lui répond : « Je m'en fous ! » Dans Jean-Raymond Tournoux, *Pétain et de Gaulle*, *op. cit.*

39. Raymond Aron, *Le Spectateur engagé*, Paris, Julliard, 1981.

L'idole redoute de chuter de son piédestal, aussi commence-t-il à rêver intérieurement à une possible réconciliation avec son ancien protégé. Dès la fin 1942, il demande au général Alfred Conquet de passer le voir à Vichy. L'officier, on s'en souvient, a fait partie de son équipe au ministère de la Guerre (1934). C'est lui qui avait insisté pour qu'une réponse soit donnée à la lettre de candidature de De Gaulle. Conquet a toujours entretenu de bonnes relations avec ce dernier, non seulement à l'École de guerre (ils sont brevetés de la même promotion), mais également à Metz quand chacun commandait un régiment sous les ordres du général Giraud. Lors de cette rencontre, le 30 décembre 1942, le chef de l'État français lui fait miroiter une nouvelle collaboration. Pétain a besoin de lui à Vichy. Il lui a souvent dit, en 1934 à Brienne, qu'il était « sa mémoire »... Il se plaint de n'avoir pas assez de fidèles à ses côtés. Conquet pourrait s'installer dans un petit bureau à proximité du sien, comme jadis rue Saint-Dominique. L'« heureux élu » n'est pas très chaud, mais surtout, il se rend compte très vite que l'illustre vieillard l'a fait venir pour tout autre chose. Comme souvent chez les personnes âgées, il a une idée fixe : préparer sa grande réconciliation avec de Gaulle. On entrevoit ici la proposition qui sortira du chapeau en 1944 *via* l'amiral Auphan.

Conquet rapporte leur échange dans ses mémoires[40] :

> « Nous nous étions liés d'autant mieux que nous avons été tous deux à votre service. Enfin, nous avons très souvent échangé nos idées en camarades sympathisants, dit-il.
>
> — Très bien, dit Pétain. Vous avez facilement accès auprès de lui et je le savais. Eh bien ! Lorsque le moment sera venu pour moi de passer le pouvoir, c'est vous que je compte envoyer comme trait d'union vers lui pour lui transmettre mes propositions.
>
> — C'est une haute marque de confiance que vous me donneriez, Monsieur le Maréchal. J'assurerai cette mission avec joie. Mais quand estimerez-vous le moment venu ?
>
> — Quand les Alliés [qui ont pris pied en Afrique du Nord depuis la mi-novembre] auront manifestement gagné la partie. Pas un mot de tout ceci, bien entendu. À la semaine prochaine. »

Le général Conquet, on l'aura compris, ne sera finalement jamais appelé à rejoindre l'équipe du Maréchal. Faut-il préciser qu'en 1942 et *a fortiori* en 1944, de Gaulle n'aurait accepté aucun compromis tant celui-ci serait passé pour une compromission avec un

---

40. Alfred Conquet, *Auprès du maréchal Pétain*, *op. cit.*

État français devenu un satellite du Reich et complice de certains de ses crimes ?

Même si de Gaulle partage avec Pétain certains traits de caractère que nous avons évoqués plus haut, à 50 ans, le plus jeune est d'un tout autre bois. Peut-être est-ce pour cela que le plus âgé a décelé très tôt en lui des qualités qui font écho aux siennes, mais qui en fait les dépassent. Au final, leurs philosophies d'action sont très différentes. De Gaulle est convaincu que l'*homme providentiel* peut tordre le réel, le façonner, le soumettre à sa volonté. Il n'est pas comme Pétain l'homme de la mesure, de l'équilibre, du saut calculé. Il est, bien au contraire, celui de la démesure, physiquement et mentalement. De Gaulle est un personnage tellurique, parfaitement adapté aux temps fracassés de l'époque. Plus il est faible, plus il se montre intransigeant, capable, par exemple, de se mettre à dos les alliés américains et britanniques. Sa superbe insupporte, son orgueil sans bornes confine au médical... mais ils sauvent la France du déshonneur et d'une occupation de transition en 1944, après le débarquement des Anglo-Américains en Normandie. De Gaulle est un homme de caractère, et de mauvais caractère. En temps de paix, sa morgue et son intransigeance, son ambition *himalayenne* lui nuisent considérablement. En temps de guerre, son tempérament acéré est certes peu empathique et peu sympathique… mais il s'avère efficace. D'ailleurs, il ne s'agit pas tant de plaire que de dominer. L'heure n'est pas à la diplomatie, mais au rapport de force. Or, sa féroce détermination est précieuse dans une période qui a besoin de chefs « hors de toutes les séries ». Il appartient résolument à cette catégorie. Il s'y prépare depuis son plus jeune âge.

Un autre trait fait la différence entre les deux hommes. De Gaulle est foncièrement un politique en uniforme ; Pétain est un soldat qui *joue* au politique sans bien en comprendre les contours et les règles. Il commande d'ailleurs son gouvernement comme un simple état-major. Son ancien lieutenant avait parfaitement compris, au début des années 1930, qu'il fallait utiliser les leviers de la politique pour faire bouger le mastodonte qu'était devenu le haut commandement français. De Gaulle est indéniablement un chef militaire, dans le sens plein du terme, qui a fait ses preuves au combat en 1914-1916 et en 1939-1940. Mais l'homme pense et raisonne *en politique* d'abord, en voyant toujours plus large, embrassant le cadre général institutionnel pour en détecter les failles qui se répercutent ensuite sur toute la structure de commandement. En 1940-1944, il est un alliage complexe ; Pétain un composant primaire. En ratant le grand tournant de 1942, ce dernier va *nolens volens* s'enfoncer encore plus dans le déshonneur, laissant l'État français et Laval jouer les supplétifs des nazis dans la répression de la Résistance et dans la mise en œuvre des rafles antijuives[41]. Il ne lèvera même pas le petit doigt pour s'opposer à la déportation par les nazis de ses plus proches compagnons antiallemands, les généraux Weygand, Conquet et Laure. Sa gouvernance au fil de l'eau justifie pleinement le jugement prémonitoire porté sur lui par de Gaulle dès 1940. Mais

41. Depuis juillet 1941, des soldats français servent sur le front russe sous uniforme allemand (la Légion des volontaires français contre le bolchevisme [LVF]). À partir de 1942, la descente aux enfers du régime de Vichy s'accélère. Le régime se durcit. Les signatures sur les actes d'asservissement de la France à la politique nazie se multiplient alors que les premiers doutes se font jour sur l'« invincibilité » allemande. La création du Service du travail obligatoire (STO), à partir de 1942, permet l'envoi en Allemagne de centaines de milliers de travailleurs français pour contribuer à l'effort économique de guerre. En janvier 1943 (les Allemands sont en train de perdre la bataille de Stalingrad), l'État français crée la Milice. Cette force paramilitaire va se signaler par des crimes abjects contre la Résistance, les Juifs et tous les éléments jugés « antinationaux ». Son secrétaire général (ancien héros des deux guerres), Joseph Darnand, s'indignera de voir, sur le tard, le maréchal Pétain chercher à prendre ses distances avec cette force supplétive de la Gestapo. À Paris, les collaborationnistes (Doriot, Déat, Henriot, Brasillach, Benoist-Méchin…) font feu de tout bois pour arrimer toujours plus étroitement le wagon français à la locomotive nazie. Ils dénoncent la pusillanimité de Vichy.

le tragique de l'histoire est que l'ancienne proximité entre Pétain et de Gaulle paralyse les indécis et les frileux pour les renforcer dans leur attentisme. Les deux ne sont-ils pas complices, aujourd'hui comme hier ? Pourquoi prendre des riques inutiles ? Héros indiscutable de la Première Guerre mondiale, Pétain fait écran lors de la seconde. Son bâton de maréchal bouche la vue, alors que de Gaulle sort du cadre. Le sens de la mesure qui était le sien en 1914-1918 décline en culte de l'immobilisme. Il camoufle l'esprit de renoncement qui coule désormais dans ses veines fatiguées sous le couvert d'une fausse sagesse. Ainsi, quelques jours avant le débarquement du 6 juin 1944, invite-t-il les Français à rester en dehors des événements qui se préparent. C'est la quintessence du pétainisme, une sorte d'anxiolytique politique teinté de conservatisme : « Il se déroulerait donc une grande bataille [tout le monde s'attend au débarquement] entre deux parties opposées, sur le sol de France. Vous pensez bien que cette pensée, de l'idée qu'on pouvait venir se battre sur le sol de France, me fait frémir un peu d'épouvante, parce que là, je n'ai pas mon mot à dire ; nous sommes obligés d'accepter que deux adversaires se battent sur notre sol. Vous voyez dans quel état peut être le pays. Eh bien, je peux vous dire qu'il ne faut pas se préoccuper ou vous mêler [de cela]. Aucun Français ne doit être mêlé à ce conflit. Il faut rester bien tranquille, regarder les gens se battre et ne pas se mettre dans un parti ou dans un autre parce que vous subiriez des représailles épouvantables. Par conséquent, il s'agit d'être sage[42]. » Voilà, sans doute, l'une des meilleures définitions de la politique de l'autruche. Par quelque bout qu'on les prenne, ces propos sont signés d'un gâtisme pathétique et d'une triste lâcheté, indigne de l'homme clairvoyant qu'il a été. Pis, le chef de l'État français a assuré le haut commandement allemand en France de sa détermination, si le débarquement allié se produisait, de lancer cet appel solennel à la population pour qu'elle reste passive. Il n'a pas hésité à fustiger publiquement l'imminence de cette « prétendue libération », dès avril 1944. À Londres, de Gaulle est consterné par l'effondrement intérieur de son ancien maître à penser.

Comme par un mouvement de vase communicant, plus Pétain s'enfonce dans la vase de la Collaboration – en ne cessant de se plaindre de sa propre impuissance –, plus le culte de la personnalité qui lui est rendu s'enfle. Le grand modeste qui déteste tant *la réclame* laisse monter à lui avec délice, et l'air de ne pas y toucher, l'encens répandu autour de lui. Avec

42. Allocution du 26 mai 1944 à Nancy, dans *Discours aux Français, 17 juin 1940-20 août 1944*, Paris, Albin Michel, 1989.

l'âge, l'homme n'a d'ailleurs rien perdu de son talent d'acteur et de son magnétisme. Il ne veut pas quitter la scène et encore moins par la petite porte. Il continue de jouir d'un physique extraordinaire pour son âge et d'un instinct sûr de la mise en scène. Ses tournées en province font l'objet d'un authentique culte populaire jusqu'en 1944. Les foules se pressent, les fleurs s'accumulent, les baisers des petites filles se multiplient, tandis que dans les écoles on chante à pleins poumons « Maréchal nous voilà ! ». Les inspecteurs des voyages officiels notent que quand le vieux comédien juge la ferveur populaire trop tiède, « il cherche le contact physique, il pénètre et s'enfonce dans la multitude pour procéder à ce qu'il appelle son *tour de piste* ». Il enflamme son public fasciné par la longévité, le magnétisme et l'apparente solidité de l'acteur. Le « sec » a besoin de sa dose d'amour populaire. Elle le conforte dans sa conviction d'avoir raison, alors que les faits lui donnent chaque jour davantage tort. Peut-être est-ce cela qui lui permet de rester si jeune, si séduisant dans le regard des jeunes femmes où il capte avec jouissance le reflet réconfortant d'un reste de désir. Il se vantera auprès de son gardien de prison d'avoir encore fait l'amour à Vichy (rappelons qu'il est né en 1856...). Plus le pouvoir s'effiloche, moins il rate une occasion de s'enivrer de sa popularité. Si un ouvrier, ancien combattant, arbore à son revers la médaille militaire[43], le vieux maréchal ouvre immédiatement son manteau pour exhiber la sienne en un signe de complicité que tout le monde comprend. « Quel acteur ! », s'exclame de Gaulle à Londres devant un de ses collaborateurs qui lui rapporte le fait non sans émotion, ce qui agace le patron. Malgré le rejet croissant de la population pour le régime de Vichy et son mépris pour les collaborationnistes de Paris, Pétain reste la figure tutélaire, la statue du Commandeur qui impressionne autant qu'elle séduit ; le bouclier qui la protège tandis que de Gaulle portera haut le glaive de la future Libération. Ce duo fictif – largement ancré dans les consciences – piège les Français, malgré les efforts du chef de la France libre pour le faire voler en éclats.

Juin 1940-août 1944... Il aura donc fallu un peu plus de quatre années brûlantes pour que le *fils* enterre le *père* de son vivant après l'avoir tué symboliquement un certain 18 juin. Durant toutes ces années où son orgueil fut maintes fois bafoué, la tentation du

43. La médaille militaire est la décoration des « humbles », soldats et sous-officiers. Les officiers n'y ont pas droit, sauf les généraux en chef ayant commandé au feu. Pétain la porte toujours avec ostentation à la différence de la Légion d'honneur, qu'il n'arbore qu'avec parcimonie.

suicide a effleuré l'esprit enfiévré du Connétable[44]. Il s'est toujours ressaisi en pensant aux deux Jeanne, la Pucelle et sa mère[45]. Quatre années durant lesquelles avec une petite cohorte de Français libres, relayée par une résistance intérieure courageuse mais souvent divisée, il a remonté la pente qui sépare la capitulation morale de la résurrection nationale. Durant ces années de cendres, de Gaulle s'est affirmé en stratège militaire (la reconquête par l'Empire[46]) et en politique de haute volée, comme le prouvent l'instauration à Alger de nouvelles institutions, l'élimination de l'encombrant Giraud, le comblement du vide politique à la Libération grâce à ses commissaires de la République lancés à l'assaut des préfectures pour y restaurer l'ordre républicain, son jeu subtil avec les

44. Notamment après l'affaire du débarquement raté sur Dakar (Sénégal) en septembre 1940.

45. Peu de temps avant sa mort à Colombey-les-Deux-Églises, il confie à sa sœur Marie-Agnès Cailliau : « Ce qui m'a souvent réconforté, depuis le 18 juin 1940, c'est la conviction que maman aurait été toujours et en tout derrière moi. — Papa aussi ?, inter roge sa sœur. — Oui, bien sûr, mais peut-être y aurait-il eu de sa part une nuance de prudence. » Dans Jean Lacouture, *op. cit.*

46. Rappelons que le premier ralliement d'outre-mer à la France libre est celle des Nouvelles-Hébrides. Henri Sautot (1885-1963) sera le premier gouverneur de l'empire colonial français à se rallier à de Gaulle. Il sera fait Compagnon de la Libération.

communistes français et Moscou pour pallier l'hostilité anglo-saxonne[47].

Mais ce n'est finalement que le 16 juin 1944, dans Bayeux libérée, que le général de Gaulle aura la conviction charnelle, sous les hourras de la foule, d'avoir enfin écarté l'ombre tutélaire. Il aura une joie supplémentaire. Sans prix pour lui. Pétain au dernier moment s'est tourné vers lui, son ancien lieutenant. Comme nous l'avons évoqué plus haut, le chef de l'État français a tenté une opération désespérée et dérisoire en demandant à l'amiral Auphan de faire parvenir à de Gaulle un texte de réconciliation et de bienvenue à Paris. À 86 ans, Pétain se voyait bien, flanqué de son fils prodigue, saluer la foule se pressant de nouveau devant l'hôtel de ville de Paris. Gageons qu'un *Te Deum* aurait été donné à Notre-Dame... Dans ses *Mémoires de guerre*, le Général ne peut cacher sa consternation et son émoi profond devant cette initiative dérisoire, alors qu'il rejoint, dans Paris libéré, l'hôtel de Brienne qu'il avait quitté en juin 1940[48] :

---

47. Si, le 8 mai 1945, le général de Lattre de Tassigny est présent à Berlin pour apposer sa signature (comme témoin) sur l'acte de capitulation de l'armée allemande, c'est grâce à la complicité des Russes sollicités par de Gaulle. Les Anglo-Saxons n'avaient pas prévu les Français.

48. Résidence à Paris du ministre de la Guerre.

En fin de compte, c'est vers de Gaulle qu'est tombé Pétain. [...] Quel aboutissement ! Quel aveu ! Ainsi, dans l'anéantissement de Vichy, *Philippe Pétain se tourne vers Charles de Gaulle* [souligné par nous]. Voilà donc le terme de cette affreuse série d'abandons où, sous prétexte de *sauver les meubles*, on accepta la servitude. Quel insondable malheur fit qu'une pareille politique fut endossée par l'extrême vieillesse d'un chef militaire glorieux ! En lisant les textes que l'on m'a fait remettre[49] de sa part, je me sens, tout à la fois, rehaussé dans ce qui fut toujours ma certitude et étreint d'une tristesse indicible. Monsieur le Maréchal ! Vous qui avez fait jadis un si grand honneur à nos Armes, vous qui fûtes autrefois mon chef et mon exemple, où donc vous a-t-on conduit ?

Où donc vous a-t-on conduit ? Jusqu'au bout, le Général aura besoin, à son tour, de trouver des circonstances atténuantes au vieux soldat à qui le relie un lien indestructible. À Londres, pour expliquer cette sinistre dérive, il avait fourni à des proches triés sur le volet quelques clés pour pénétrer la trame psychologique de ce vieillard accroché à son bout de royaume thermal. « Toute sa vie, Pétain a été un refoulé [au sens d'exclu]. À la veille de 1914, il ne défendait pas

49. Par l'entremise de l'amiral Auphan (voir p. 19).

les idées du jour, à l'honneur à l'École de guerre. Il a été victime d'un ostracisme intellectuel, comme je l'ai été entre les deux guerres. Il avait sacrifié toute sa carrière à un enseignement anticonformiste. Le ministère ne voulait pas le nommer général de brigade. On disait qu'il n'avait pas l'étoffe. C'était un déni de justice abominable. Il n'a jamais oublié le cran mis ainsi à son orgueilleuse ambition. Ce sentiment revient à la surface sur le tard. L'ambition est la dernière passion des vieillards. Pétain était un précurseur en matière d'artillerie, comme je l'ai été en matière de chars. »

Comme on peut le constater, de Gaulle ne peut s'empêcher de se comparer encore et toujours à son ancien protecteur, signe que le lien sentimental demeure ainsi qu'un certain mimétisme. Il s'est tellement projeté en lui qu'il lui est difficile de trancher véritablement le nœud gordien de leur relation. La réciproque est vraie. C'est pour cela que Pétain, voyant se déliter sous lui son royaume d'opérette, rêve d'une restauration effectuée avec le concours de son fils prodigue revenu de son exil le front ceint de la couronne des vainqueurs. Ne lui doit-il pas au moins cette ultime faveur, lui qui l'a si souvent sauvé de l'exclusion, de la sanction ou de la relégation ?

Après quatre années de sang et de larmes, de Gaulle campe à une autre altitude. Et c'est par une sorte de respect filial résiduel, pour éviter la révélation sur la place publique de l'état mental réel de Pétain, pour protéger, enfin, le beau titre de « maréchal de France », qu'il veut lui épargner un procès public. Il se confie sur ce point à son futur gendre le chef d'escadron Alain de Boissieu : « Ce procès est certes un moment très pénible et douloureux de notre histoire. Il n'aurait jamais dû avoir lieu sous cette forme si le Maréchal avait accepté de demeurer en Suisse, comme je le lui avais fait proposer. Je m'étais engagé à lui fournir tous les collaborateurs et toute la documentation qu'il voudrait pour justifier son attitude en 1940 et ensuite au cas où il voudrait écrire [sa défense]. Le gouvernement suisse était d'accord pour l'héberger avec ses collaborateurs. [...] Comment n'a-t-il pas senti que ce procès était inévitable, qu'il valait mieux qu'un maréchal de France n'y soit pas physiquement au banc des accusés ? Une condamnation par contumace n'aurait pas eu la même portée. Vraiment la vieillesse est un naufrage[50] ! »

Si on se reporte aux interrogatoires durant l'instruction (pendant le procès, Pétain se tait), on ne peut que partager le point de vue de Bénédicte Vergez-Chaignon : « [...] On reste frappé par cette représen-

50. Général de Boissieu, *Pour combattre avec de Gaulle. Souvenirs 1940-1946*, Paris, Plon, 1999.

tation étroite, personnelle et anecdotique qu'il se fait de la politique. C'est comme si tout n'était conçu qu'à la hauteur d'un "bruit de couloir" ou d'une confidence obtenue par un journaliste politique bien en cour. » Négligeons les drames provoqués ou acceptés par l'État français – Collaboration, déportation des Juifs, traque des résistants, consentement au dépouillement économique de la France… –, Pétain vit à Vichy comme dans une superbe maison de retraite gratuite pour maréchaux avec tout un personnel à sa disposition. Les bruits du monde lui arrivent de l'extérieur, filtrés par un entourage perclus de luttes intestines, ses facultés déficientes, ses auto-excuses permanentes (« que voulez-vous, je ne peux rien ! »), sans compter son obsession sénile de la nourriture… et des femmes. Tandis que de Gaulle embrasse de plus en plus largement les problématiques du monde, Pétain se recroqueville sur un espace réduit à sa personne. La France est devenue la variable d'ajustement d'un ego démesuré et de marges politiques réduites quasiment à néant. Pourtant, Pétain, lors de son procès, maintiendra jusqu'à l'absurde l'idée selon laquelle il a vu juste dès le début et préparé la libération de la patrie. « Pendant que le général de Gaulle, hors de nos frontières, poursuivait la lutte, j'ai préparé les voies de la Libération, en conservant une France douloureuse mais vivante. À quoi, en effet, eût-il servi de libérer des ruines et des cimetières ? », dira-t-il notamment. Quant aux crimes de Vichy, ils ne lui appartiennent en rien. Ce fut l'affaire des *autres*, à commencer par Laval, bouc émissaire bien commode de la Collaboration. La rhétorique est la même que pour sa responsabilité dans l'impréparation des armées françaises en 1940.

Après la commutation de la sentence de mort en détention à vie, l'avion personnel de De Gaulle[51] transporte l'ex-maréchal vers la prison du Portalet (Pyrénées), son premier lieu de détention avant l'île d'Yeu. Herbert R. Lottman, dans son livre sur leur duel, précise que le chef du gouvernement provisoire a utilisé ce moyen aérien pour éviter de passer par les services du ministère de l'Air alors dirigé par le stalinien Charles Tillon. Comme pour le passage de la frontière suisse, de Gaulle ne veut pas que les communistes lui fassent un mauvais sort. Arrivé au Portalet, Pétain s'amuse du « bon tour » [*sic*] que de Gaulle lui a joué. En effet, c'est dans cette forteresse austère que le chef de l'État français avait notamment fait enfermer trois présidents du Conseil de la IIIe République : Léon Blum, Paul Reynaud et

51. Il s'agit d'un Dakota, cadeau personnel du président Roosevelt.

Édouard Daladier. Tous les trois avaient ensuite été déportés en Allemagne. Il est placé dans la cellule de Georges Mandel (assassiné en 1944 par la Milice lors d'un transfert). À son gardien, le plus vieux détenu de France confie bientôt sa certitude de pouvoir compter sur deux personnes qui feront « tout pour adoucir » son sort : le général de Gaulle, « mon ancien élève » dit-il, et le Saint-Père[52].

Pétain connaît son de Gaulle et n'a pas tort. Son « ancien élève » – en fait, de Gaulle ne l'a jamais été formellement – imagine dès 1947 que son ancien colonel puisse retrouver assez vite un état tenant compte de son grand âge et de ses services passés : « Il faudra dans quelque temps le changer d'endroit. On saisira par exemple le prétexte d'une alarme de médecin pour le transférer dans une clinique. Ensuite, il recouvrera insensiblement une sorte de liberté[53]. » Mais depuis l'année précédente, le rebelle n'est plus aux affaires. A-t-il agi auprès des chefs de la IVe République honnie pour que l'on aménage le sort de Pétain ?

En 1949, il dit tout haut dans une conférence de presse ce que, auparavant, il avait pu suggérer tout

52. Espère-t-il cette aide du pape parce que le Vatican s'est toujours montré conciliant à son égard ?

53. Claude Guy, *En écoutant de Gaulle*, Paris, Grasset, 1996.

bas. Le prisonnier a alors 93 ans. « Aujourd'hui, il y a un vieillard dans un fort. Un vieillard dont moi et beaucoup d'autres reconnaissons qu'il a rendu de grands services à la France. Nous ne l'oublions pas et ne devons pas l'oublier. Je l'ai dit à Verdun même. Pourquoi ce vieillard mourrait-il sans qu'il ait pu revoir des fleurs, des arbres, des amis ? Je ne crois pas que ce soit une très grande chose que de l'y condamner. Voilà ma conviction ; je pense que le moment est venu de faire le nécessaire. Il faut laisser mourir entouré d'une certaine dignité un homme qui a porté à un certain moment la gloire de la France et qui, pour s'être terriblement trompé, n'en est pas moins un vieillard inoffensif à l'heure qu'il est. »

À la question d'un journaliste, « faut-il revenir sur sa condamnation ? », de Gaulle répond par la négative. Il expose le fond de sa pensée : « Il était nécessaire que la France le condamnât parce que, dans sa personne, il avait symbolisé ce que fut la capitulation et, même s'il ne l'avait pas tout à fait voulu [toujours les circonstances atténuantes], la collaboration avec l'ennemi. Un État serait mort le jour où il accepterait officiellement que ceux qui prétendaient être ses pouvoirs publics aient capitulé quand il restait des espérances de vaincre, et collaboré avec l'envahisseur quand la guerre continuait. » Apprenant que de Gaulle souhaitait le voir exfiltré de son île, Philippe Pétain aurait dit à son gardien Simon : « Alors, je serai peut-être obligé un jour de lui faire une visite de remerciement. » Il n'aura pas à le faire : il décède en 1951 sans avoir vu sa peine aménagée.

Revenu au pouvoir en 1958, le président de la Ve République tiendra à faire fleurir sa tombe le 11 novembre 1968, pour le cinquantième anniversaire de la fin de la guerre, sans pour autant accepter le transfert de ses cendres à Douaumont. Conformément à son habitude, il ne sera pas avare de compliments sur le maréchal de la Grande Guerre, tout en regrettant le naufrage de la fin de l'histoire… de leur histoire. Déjà, en mai 1966, pour le cinquantième anniversaire de Verdun, il avait présidé les cérémonies d'hommage à Douaumont. Alors âgé de 75 ans, l'ancien combattant de la Grande Guerre, l'ancien poulain du vainqueur de Verdun séparait *les deux Pétain* dans son discours :

> Un demi-siècle a passé depuis que se déroula la grande bataille de Verdun. Combien, pourtant, demeure profond le mouvement des âmes que soulève son souvenir ! Cela est vrai des anciens combattants et, d'abord, de ceux d'entre eux qui sont venus attester aujourd'hui leur fierté et leur fidélité. Cela est vrai, aussi, d'innombrables Fran-

çais et Françaises qui savent que, pour notre pays, tout dépendit de ce qui fut alors joué et gagné ici.

Pour le Général, rien n'aurait été possible sans un art consommé du commandement : « [Il] a pour traits essentiels : la prévoyance, la méthode, l'organisation, puis, quand l'action est déclenchée avec son flot habituel d'alarmes et de faux-semblants, une sérénité silencieuse que ne doivent ébranler ni les secousses ni les mirages, et à laquelle, du fond de leur angoisse, les subordonnés répondent par leur propre abnégation. *Ces dons de chef, Pétain les possède par excellence.* [...] *Si, par malheur, en d'autres temps, dans l'extrême hiver de sa vie et au milieu d'événements excessifs, l'usure de l'âge mena le maréchal Pétain à des défaillances condamnables, la gloire que, vingt-cinq ans plus tôt, il avait acquise à Verdun, puis gardée en conduisant ensuite l'armée française à la victoire, ne saurait être contestée, ni méconnue, par la patrie* [souligné par nous]. »

Tomber de rideau

En 1944-1945, le rideau est tombé sur ce drame shakespearien, emportant au passage le vieil acteur cabotin. Depuis longtemps, le plus jeune était prêt moralement et psychologiquement pour son « seul en scène ». À la Libération, Charles de Gaulle était bien loin d'avoir livré tout le suc que son personnage hors norme renfermait. Il ne rêvait que d'une chose depuis l'enfance : donner la réplique à la France en tête à tête. Acteur d'État-né, il a joué les prolongations, entre sortie surprise dans les coulisses dans l'espoir d'un rappel qui ne vint pas (1946) et vrai retour en vedette sur les planches (1958).

Jusqu'au bout, le mimétisme de ces deux grands acteurs nationaux aura été fascinant. Chacun a créé un régime politique après avoir été le fossoyeur du précédent : le père de l'État français a étranglé la IIIe République, le fils a proprement euthanasié la IVe. Seul le « Général » a été fécond au point de créer un nouveau régime, la Ve République, qui palpite encore plus d'un demi-siècle après son enfantement. Par bien des traits constitutionnels, Pétain aurait pu souscrire sans difficulté à la façon dont de Gaulle a bâti *sa* République, surtout après l'instauration de l'élection du président de la République au suffrage universel (1962). Cette « monarchie élective », selon l'expression du constitutionnaliste Maurice Duverger, aurait eu de quoi le séduire.

Depuis, le public ne cesse d'applaudir la performance hors norme de De Gaulle, ce *visionnaire incandescent* qui a brûlé les planches du Français. Comme le dira André Malraux, Compagnon de la Libération, « tout le monde a été, est ou sera gaulliste ». Quelle plus belle récompense pour celui qui voulait tutoyer la France ? Cinquante ans après sa disparition, « le Général » est devenu le maître étalon de la grandeur ; celui qui a vraiment achevé la Révolution française en réconciliant la verticalité du pouvoir avec la souveraineté du peuple. Pétain-de Gaulle ; de Gaulle-Pétain… La gloire des deux noms s'est définitivement inversée. Les plaques de rue et de boulevard au nom du premier ont été arrachées et martelées du talon ; celles à la gloire du second ont fleuri, détrônant en nombre Victor Hugo ou Louis Pasteur. Hier symbole de patriotisme absolu, celui de Pétain claque désormais comme l'emblème du renoncement et de la trahison, tandis que le patronyme de l'homme du 18 Juin symbolise l'esprit de résistance et une idée certaine de la France.

Quant au maréchal déchu, même s'il n'a pas vu son ancien protégé revenir à la tête d'une nouvelle République, on ne sait ce qui dans son cœur de vieil homme l'a emporté au final en constatant le prodigieux destin de l'homme du 18 Juin : la fierté d'avoir été le premier à déceler son génie ou la rage d'en avoir été la « victime »…

Bibliographie

AMOUROUX Henri, *Pétain avant Vichy*, Paris, Fayard, 1967.

BENOIST-MÉCHIN Jacques, *À l'épreuve du temps. Souvenirs*, Paris, Perrin, 2011.

BOISSIEU général DE, *Pour combattre avec de Gaulle. Souvenirs 1940-1946*, Paris, Plon, 1999.

COINTET Jean-Paul, *De Gaulle. Portrait d'un soldat en politique*, Paris, Perrin, 2020.

CONQUET Alfred, *Auprès du maréchal Pétain*, Paris, Éditions France-Empire, 1970.

FERRO Marc, *Pétain*, Paris, Fayard, 1987.

GALLO Max, *De Gaulle. L'appel du destin*, Paris, Robert Laffont, 1998.

GAULLE Charles DE, *Le Fil de l'épée*, texte présenté par Hervé Gaymard, Paris, Perrin, 2010.

—, *La Discorde chez l'ennemi*, texte présenté par Hervé Gaymard, Paris, Perrin, 2018.

—, *Mémoires de guerre. L'Appel, 1940-1942*, Paris, Plon, 1969.

JACKSON Julian, *De Gaulle*, Paris, Seuil, 2019.

LACOUTURE Jean, *De Gaulle*, t. 1 : *Le rebelle*, Paris, Seuil, 1984.

LAURE général, *Pétain*, Paris, Berger-Levrault, 1941.

LOTTMAN Herbert R., *Pétain*, Paris, Seuil, 1984.

—, *De Gaulle/Pétain. Règlements de comptes*, Paris, Perrin, 2008.

QUÉTEL Claude, *L'Impardonnable Défaite, 1918-1940*, Paris, JC Lattès, 2010.

ROUSSEL Éric, *Charles de Gaulle*, Paris, Gallimard, 2002 ; rééd. Paris, Perrin, coll. « Tempus », 2020.

SERRIGNY général, *Trente ans avec Pétain*, Paris, Plon, 1959.

SERVENT Pierre, *Le Mythe Pétain*, Paris, Payot, 1992 ; rééd. Paris, CNRS Éditions, 2014.

TOURNOUX Jean-Raymond, *Pétain et de Gaulle*, Paris, Plon, 1964.

VERGEZ-CHAIGNON Bénédicte, *Pétain*, Paris, Perrin, 2014.

Table

Avant-scènes 9
Prologue 15

Acte 1 – La fascination 27
Acte 2 – La protection 63
Acte 3 – La séparation 107
Acte 4 – Le duel 147

Tomber de rideau 215
Bibliographie 219

DU MÊME AUTEUR *(suite)*

Ouvrages collectifs

Le Siècle de sang : 1914-2014, en codirection avec Emmanuel Hecht, Paris, Perrin, 2013.

« Philippe Pétain et Charles de Gaulle, un drame shakespearien », dans *Les Grands Duels qui ont fait la France*, Paris, Perrin, 2014.

Quelle politique de défense pour la France ?, Paris, L'Harmattan, 2007.

Vauban : la guerre, la gloire. 1707-2007, Paris, Cahiers d'études et de recherches du musée de l'Armée (CERMA), 2007.

L'Europe de Yalta à Maastricht, en codirection avec Patrick Eveno, Paris, Le Monde Éditions, 1994.

Achevé d'imprimer en mai 2020
dans les ateliers de Normandie Roto Impression s.a.s.
61250 Lonrai
N° d'impression : 2001585

Imprimé en France